卖茶你要这么说

——快速破解卖茶的49个困惑

谢付亮　张之闯　著

海峡出版发行集团｜福建人民出版社
THE STRAITS PUBLISHING & DISTRIBUTING GROUP｜FUJIAN PEOPLE'S PUBLISHING HOUSE

图书在版编目（CIP）数据

卖茶你要这么说：快速破解卖茶的 49 个困惑/谢付亮，张之闯著．--福州：福建人民出版社，2017.10（2024.4 重印）

ISBN 978-7-211-07700-7

Ⅰ.①卖… Ⅱ.①谢… ②张… Ⅲ.①茶叶—销售—方法 Ⅳ.①F724.782

中国版本图书馆 CIP 数据核字（2017）第 148817 号

卖茶你要这么说

MAICHA NI YAO ZHEME SHUO

——快速破解卖茶的 49 个困惑

作　　者： 谢付亮　张之闯

责任编辑： 何水儿

出版发行： 福建人民出版社　　**电　　话：** 0591-87533169(发行部)

网　　址： http://www.fjpph.com　　**电子邮箱：** fjpph7211@126.com

地　　址： 福州市东水路 76 号　　**邮政编码：** 350001

经　　销： 福建新华发行（集团）有限责任公司

印　　刷： 福州万达印刷有限公司

地　　址： 福州市闽侯荆溪镇溪头工业区徐家村 166—1 号

开　　本： 700 毫米×1000 毫米　1/16

印　　张： 12.25

字　　数： 203 千字

版　　次： 2017 年 10 月第 1 版　　2024 年 4 月第 5 次印刷

书　　号： ISBN 978-7-211-07700-7

定　　价： 48.00 元

本书如有印装质量问题，影响阅读，请直接向承印厂调换。

你说的每句话，都事关卖茶命运（代序）

说话还要学习吗？

是的，并不是每个人都能把话说好。

可以说，在卖茶过程中，你的每一句话，要么朝着成交的方向前进一步，要么朝着相反的方向退一步。

说话的过程，也是获取信息的过程；只有获取足够的信息，我们才能准确把握客户的需求，从而满足客户的需求，一步步走向成交。

自己会说话了，说到别人心坎上了，令人心里舒服，顺顺畅畅，别人才愿意接你的话茬；自己不会说话，一张口就令人不悦，甚至噎住别人，自然就堵住了别人的嘴巴，切断了继续交流的进程。

《卖茶你要这么说》就是与你共同探讨卖茶过程中如何说话的书。

这是中国第一本茶叶店销售话术实战教程，是我和张之闯等老师联合调研了一千余家茶叶店，亲自参与销售实战的结晶。

《卖茶你要这么说》立足走近顾客、走进顾客、“走敬”顾客三大基本面，围绕卖茶说话的核心四字诀“一针见血”，针对茶叶店导购员在卖茶过程中遇到的 49 个场景，诸如销售心态、沟通障碍、价格异议、质量困惑、提问技巧、优惠矛盾等等，从鲜活生动的问题入手，先分析问题背后的“问题”，解析问题的症结所在，然后再给出具体的破解策略和说话模板，同时列明该类困惑的破解流程，便于导购员举一反三。为便于阅读，我们制作了大量的示意图，生动直观地展示沟通技巧。

用心读完《卖茶你要这么说》，你就能快速掌握 49 个场景的应对技巧，再因地制宜、巧妙组合、融会贯通，你就可以快速精通怎么“说”，快速“说”到消费者心里去，快速建立更紧密的客情关系，快速提高茶叶店的销售业绩。

谢付亮

2017 年于杭州

目　录

下编　“走敬”顾客

上　编

走近顾客

情景1 看见顾客之前，我怎么说？

阅读前，我的处理方式

我这样说：______________________________

____

主要原因：______________________________

____

____

还没看见顾客，怎么会有话“说”呢？搞错了吧！

没错，的确如此！

要沟通顺畅，看见顾客之前，你就要知道怎么“说”。

其实，很多时候，你也是这样做的。

诸如，有没有担心过一些“说话”的问题？有没有为一些开场白、欢迎词怎么“说”而精心准备，有时甚至会模拟将要出现的对话现场，反复演练，以求心安？

“手中有粮，心中不慌”。我们开篇就来谈此主题，就是为了强化未雨绸缪、有备无患的意识。

一、场景写真

【场景一】

“今天就要上班了，看见顾客说什么好呢？”

【场景二】

“还不是那些老问题？兵来将挡水来土掩呗，简单回答几句，打发掉不就得了。”

【场景三】

“我不喜欢顾客问七问八的，有什么好啰唆的？买就买，不买就不买，干吗要问那么多？最好是啥都不问，看中了就买。”

【场景四】

“真不知道现在的顾客怎么想的，问题要提很多，但是你说什么，他都不相信！就算你把心掏出来给他吃，他还觉得你的心是苦的。真没办法！”

以上四种场景展示的，都是导购员的现身说法。

在看我们的诊断之前，最好是能够对照自己的想法，简单做一做“体检”，同时想一想应该怎样去解决。

二、问题诊断

【场景一：货不够】

肚子里的货不够，不知道怎么跟顾客说话，心有顾虑，甚至心里面就像敲着拨浪鼓一样。这些都是非常正常的，尤其是刚刚开始卖茶的新人，必须直面这种问题，不要逃避，坦然接受，然后再去想办法解决。

【场景二：老油子】

老油子的心态要不得，不管问题大小难易，只要是顾客的问题，都必须真心对待，不能存有“打发”顾客的思想念头，否则顾客也会“打发”你。

常见的茶叶销售困惑就那么多，一定是呈正态分布的，不同的顾客的确会隔三差五地提出相同的问题，但你必须像对待自己的孩子那样耐心。

【场景三：没耐心】

耐心是沟通的基础，更何况顾客有问题要你帮忙解答，那是在给你机会。

如今的茶叶品种太多，各类茶叶质量传闻或负面信息也不少，顾客有疑惑、有担心是正常的，你必须耐心地为他解答。

开玩笑说，你不喜欢顾客问七问八，难道你只喜欢顾客掏钱买单吗？

倘若如此，你必然会被淘汰，现在是移动互联网催生的村落时代，基于个人魅力人格的交流才是真正打动人的交流，由此建立的关系也才长久稳定。

【场景四：缺方法】

没错，顾客的确很难相信商家的话了。

一朝被蛇咬，十年怕井绳。我们的顾客已经“屡次被蛇咬”，你叫他怎能轻易相信你说的话？

责人之心责己，恕己之心恕人。还是先静一静，不要感叹自己的话没人信，也不要责怪顾客说你的“心”苦，而是要结合现状寻找说话的技巧和方法，说出能够进入消费者内心世界的话语。

三、破解策略

破解这一问题的关键在自己，需要从四个方面去改变和提升。

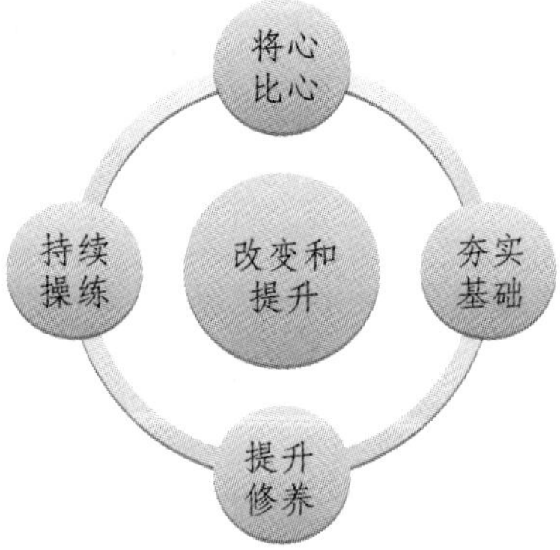

第一，将心比心。

先换位思考一个问题，如果你去买茶而对茶一窍不通，这个时候，你希望导购员怎么做？

当然是希望导购员能够发自内心地帮助自己挑选合适的，希望自己提问时能够得到耐心的解答……

这就是将心比心，也是大多数人的想法，我们与顾客之间的高效沟通，必须遵照这个标准去展开。

第二，夯实基础。

平时多积累茶叶知识，操练泡茶技能，同时要认真学习说话方法和沟通技巧。当然，茶叶知识和泡茶技能不能局限于你所卖的茶。你销售主打红茶，不仅要了解中国的多种红茶，还要知悉国外的红茶特征。同时，对绿茶、白茶、乌龙茶等也不应陌生。

第三，提升修养。

提升修养的方式有很多，最便捷的方式是读书。

读书的范围要广，不能仅限于技能类的图书。有时间有精力的情况下，要尽量多读一些看起来没有用的书，多涉猎一些冷门的知识，不仅可以储备说话的素材，关键时刻也许能派上用场，与顾客共鸣。

第四，持续操练。

不管在销售过程中，还是日常生活中，你有了将心比心的心态，夯实了各类专业根基，也提升了修养，但这还远远不够，还必须在实践中一次次地“说”，一次次地反思，一次次地总结，才能有效提高说话能力。

尤其是，在与客户沟通失败或者说不成交之后，更要立即针对沟通的过程进行反省，发现错误后要即刻提醒自己去纠正，才能让说话能力到达一个更高的水平。

四、说话模板

这一章的“说话模板”很特殊，我们所列出的话语没有严格的先后顺序，但都是“你”必须对“自己”说的。

你每天都要说，可以对着镜子大声说，也可以在心中默默地说，总之要坚持不断地说，以持续引导自己朝着既定的方向去走。

【模板一】

我的一切都来自顾客，我要从内心深处尊重顾客、理解顾客。

【模板二】

良心无价，只要我永远凭一颗良心卖茶，我就是在助人为乐，就是在积德行善，就是在造福人类。

【模板三】

巧妇难为无米之炊，肚子里有货才能谈笑风生、收放自如，我要坚持不断地学习茶叶知识和泡茶技能。

【模板四】

我要在日常生活中学会关心人，从各种细微处去关心顾客、善待顾客。无论顾客问什么、说什么，哪怕是抱怨和责骂，我也要善待之。

五、举一反三

凡事预则立，不预则废，也就是通常说的不打无准备之仗，这是你提高说话水平的核心指导思想之一，值得在茶叶销售过程中举一反三。

例如，当你不开心的时候，你要先让自己开心起来，然后再去面对顾客。换言之，你要先照顾好自己的内心，才能帮助顾客解决困惑。

再如，当你缺乏自信的时候，你要先让自己自信起来，然后再去面对顾客；当你自己都不喜欢喝茶的时候，你要强迫自己爱上它，然后再去引导顾客。

总而言之，你要尽力用这样的原则去处理卖茶问题，即，凡事先要求自己准备好或先做好，然后再去要求同事、下属或顾客。

自己先验证，把自己当榜样，卖茶之路一定会越走越顺畅！

六、心灵茶汤：不卖茶，就去当“总”理

印度总理是卖茶叶出身的。

国际在线《图说莫迪政治生涯：从茶叶小贩到印度总理》有这样一段文字：1950 年 9 月 17 日，莫迪出生于印度古吉拉特邦瓦德纳加尔镇。莫迪表示，当自己还是一个小男孩时，就帮爸爸在瓦德纳加尔火车站卖茶叶。

眼下是中国茶产业大转型时机，也是茶叶销售方式最需创新时日。真心善待消费者是卖茶的永恒法则。坚持下去，你至少可以“总”理一方的茶叶生意。

情景2　顾客在门外犹豫，我怎么说？

阅读前，我的处理方式

我这样说：________________________________

____

主要原因：________________________________

____

____

顾客经过茶叶店，目不斜视，你在店内，不闻不问，或压根就没看见，自然就没有机会。

倘若顾客在门外犹犹豫豫，碰巧你又看见了，这时你有机会抓住消费者，也有很多方法抓住消费者，前提是你必须用心。

一、场景写真

【场景一】

顾客在门外放慢了脚步，扭过头望了望茶叶店，接着又加快脚步，迅速离开了。

【场景二】

顾客在门外放慢了脚步，或停了下来，望了望茶叶店，又想走开，但又停下来望了望，接着又想走开。

这样的场景经常会有，想一想，自己平时逛街，是不是也有类似的举动呢？

那就回忆一下，当时自己为什么会有那些犹豫不决的动作，尽量都列举出来，对解决问题大有帮助。

二、问题诊断

逛街过程中，对于路过的店铺，我们一般都会快速“扫描”。

若是在一瞬间发现有亮点，或者是察觉到一点不同寻常的东西，我们就会放慢脚步“瞅一眼”。否则，就加速通过。

这些动作都是在极短过程中发生的，仔细回想并用“放大镜”去分解，我们才能看清这个过程。

我们重点看一看顾客在店外放慢脚步或者犹豫的原因。

【看装修】

店里的装修有特色，就像我们看见国外品牌的茶叶店，与我们中国传统茶叶店风格迥异，富有咖啡厅的元素，让茶叶店更时尚，更有现代感。

我在绍兴看到过一家茶叶店，面积不大，装修非常时尚，我瞄了一眼就很有感觉，但急于办事，当时看了几眼就走开了。办好事情之后，我专程折回头去店里逛了逛，并认真地与店老板搭讪。若是老板的说话再“温和”一些，我就会买一些产品，以表达我的心意。

相反，我在西安看见一家理发店，没有装修成“时尚的感觉”，反而装修成了“茶叶店的感觉”，并且还放了不少书。我很感兴趣，就进店与店员聊了聊。店员很客气，我们还特意拍了张照片，留作纪念。居住在店铺附近的客人，也常走进去看看。

【瞅瞅人】

瞅瞅人的情况主要有两种。

其一，对于男人来说，看见美女就会多瞅一眼；对于女人来说，看见帅哥也会多瞅一眼。爱美之心，人皆有之，这是天性使然。茶叶店招聘员工，对形象有较高的要求。再加上平日里泡茶喝茶的轻盈生活，更会让茶叶店里的男孩女孩显出不一样的气质。

其二，也许碰巧客人看见店里的人和自己的某个朋友很像，于是就放慢脚步，多瞅几眼，这也是常常发生的。

【瞄产品】

不打算购买什么茶叶，或者也不知道该买什么茶叶，于是在路过茶叶店时，粗略地瞄一瞄，看看店里究竟在卖什么。

如果客人看到好奇的，就会定睛一看；若是客人看了之后，与期望的不一样，提不起再多的兴趣，也就立即作罢。

【捡便宜】

不是买便宜，而是占便宜或捡便宜，这是消费者的心理，很多人都有这种心理。

客人路过店铺，驻足看看，若是有“大幅跳水”的茶叶，价格低到不能再低了，也许就会心动去看看，说不定就可以捡个便宜。

细心的读者可能会联想到一些服装店，门口总是会给出各种各样的“大出血”理由，目的自然是希望你别再犹豫，别再徘徊，过了这个村就没这个店！

【想品茶】

对茶有兴趣，但又缺乏了解，碰巧有时间，想进去品品茶，但又不知道茶叶店的水有多深，品茶要不要收费。

若是免费，又担心品尝之后不买难为情；若是收费，又不知道收费的标准，万一弄个天价茶多尴尬？徘徊在门外的客人，一定是有顾虑才不进去，这一点必须正视。

三、破解策略

路过的客人，自然进店越多越好。那么，如何让路过的顾客主动进店呢？

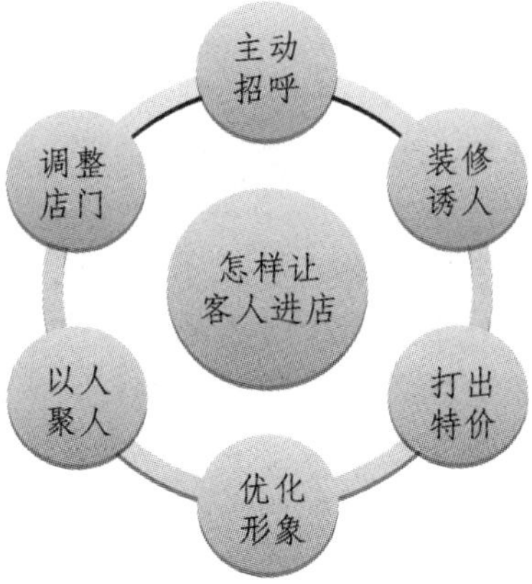

第一，主动招呼。你主动去招呼了，态度诚恳，只要不是十万火急的事情，很多人都会进去看看的，至于看多长时间，则因人而异。

天福茗茶在这方面做得很好，我们走遍祖国大江南北，只要是路过天福茗茶的店，几乎都受到店家的主动招呼。这看似简单，不就一杯茶吗？但能够风雨无阻地去坚持执行，一定不简单！说实在的，有几家茶叶店能做到呢？

第二，装修诱人。店铺形象，包括店招都类似茶叶店的脸，都需要差异化，突出自己的个性以吸引人。

第三，打出特价。选择一款茶，打出超低的特价，吸引客人进一步了解。具体操作的时候，你要注意三点：

其一，特价的茶叶是为了增加客人进入茶叶店的“入口”，价格一定要标注醒目，让客人路过的时候一目了然，才能达到效果。

其二，特价的茶叶必须确保质量，不可以次充好，不可轻视相关的购买行为，必须坚持维护良好的品牌形象。

其三，特价的茶叶也要说清楚茶叶的价值，让路人感觉到依然物有所值。

第四，优化形象。不管男女，茶叶店的员工都要持续不断地优化自己的形象，让客人一见到就有种“欣赏你的感觉”。请注意，欣赏你并不一定是因为你貌若天仙、倾国倾城，也不一定是因为你玉树临风、貌似潘安，而是修炼自己的内心，做一个善良的人，积极看待这个世界，让自己浑身释放出温柔与和善。

若是在和善之余，还能由内而外地散发出高雅气质或独特韵味，则更有魅力，更能吸引客人。

第五，以人聚人。人多的地方，更容易吸引人。即使五六个人围成一圈，对着空荡荡的地面说说笑笑、指手画脚，也会吸引其他人继续围观，一探究竟。相反，若是没有人气，则很难吸引到人。茶叶店可根据自己的情况，提高自己的人气，以吸引更多的客人进店，形成一个良性循环。

第六，调整店门。店门的设计要充分考虑顾客的心理感受，如果是面向大众消费者，店门务必避免高高在上、门槛很高的感觉。

我们在服务客户的过程中发现类似的现象，明明是要做大众消费者的生意，却又弄得大众消费者不敢进来，直接导致客流越来越少，生意越来越差。当然，若是你在品牌运作上“反弹琵琶”，故意制造“豪华印象与平价消费”的反差，同时又有系统的方法吸引客人进店，则另当别论。

除此之外，若是主攻高端市场，那就要尊重高端消费者的心理感受。总之，你要吸引的是谁，你就要遵照谁的要求。

四、说话模板

看了上面的分析，就可以知道“说话模板”之外的东西更多。只有在理解之后，才能更好地去运用“说话模板”，下面列举六个。

【模板一】

这位先生，外面很冷，进来喝杯热茶吧，新到的祁门红茶，暖暖身子。

【模板二】

大姐，这么热，进来喝杯茶吧，不着急的话，歇一歇再走。

【模板三】

大爷，今天正山小种做活动，难得有八八折，您要不要进来看看，买不买都没关系。

【模板四】

小朋友，今天新到了凤梨酥，要不要和妈妈一起进来尝一尝？

【模板五】

老板，今年的安吉白茶上市了，要不要尝尝鲜，我看您杯子里泡的茶好像是绿茶？

【模板六】

阿姨，清热降火的菊花茶今天做大赠送活动，买三罐就能再送您一罐，卖完就没了。

五、举一反三

“说话模板”设置了不同的场景和人物，有男有女，有老有少，实际说话的时候，要根据当时场景灵活处理。

比如，碰巧在下大雪，门外一位老奶奶朝着店里看了又看，你就可以说：“奶奶，雪这么大，进来喝杯热茶吧。”

即使老奶奶不愿意进店，也会因为你这句话而留下美好的印象。若是老奶奶进店了，则多了进一步沟通的机会。哪怕是沟通之后，老奶奶不买茶，也没关系，重要的是，你已经成功传递出你的价值观，让老奶奶深刻地感受到了你的善意。如此一来，你、茶叶店以及茶叶品牌也会被记住。天长日久，对你有好感的客人越来越多，口碑越来越好，生意自然就找上门来了。

六、心灵茶汤：对手拦截客流怎么办？

先看一位店主的来信：

我这边有一个茶城，开业差不多5年了。一二楼卖茶叶，三四楼卖茶具茶器。当时选在这里开店主要是想卖六安瓜片，这种茶在北方还蛮有名气，和铁观音、大红袍不相上下，但这种茶在这边市场还是空白。我们的茶叶店是去年10月开张的，附近的门面也都是差不多的茶叶商户，一家挨着一家。

据我观察，来茶城的人很少。而我们对面的茶叶店，店员常在茶城门口，一见到人就问人家要什么茶，招呼着别人进去看看。我只是在店里坐着，如果有顾客往我们店里看，我就会主动和人家招呼，然后顾客自已就进来……

针对这位店主的疑惑，我说三点：

第一，商道和茶道。这不是一种“不正当竞争”的手段。人家没有抢你的生意，而是更积极主动地在揽生意，符合商道原则。当然如果生拉硬拽客人则有违茶道“和”的精神。

第二，主动和被动。店内的客流量是店铺的基础，没有足够的客流量，对大部分店铺来说都是灾难性的，所以你必须主动。但是不是要你也去仿效，你可以通过其他方法。例如，线上线下的促销方法都可以。

第三，老客和新客。老客即老顾客，新客即新顾客。没有老顾客，短期内销售额肯定会受到影响。顾客是茶叶店非常重要的资产，你要把新顾客照顾好，变为你的老顾客，然后再让老顾客不断带来新顾客。

情景 3 新客进店，我怎么说?

阅读前，我的处理方式

我这样说：____

____

主要原因：____

____

____

新客进来了，素不相识，对店铺的信任度低，怎么说呢?

这个问题所有茶叶店都会遇到，几乎每天都会遇到。

其实，但凡客人走进茶叶店，必然是有原因的。这个原因未必是“买茶”，也可以是其他。

因此，你和新客沟通的关键在于找到他进店的真实原因，并针对他的需求展开对话。

一、场景写真

【场景一】

顾客走进茶叶店，环顾四周，然后就朝着一款红茶走去，你笑了笑，径直走上前，笑着说：“先生，您好，这款茶正在做特价。”

【场景二】

顾客走进茶叶店，环顾四周，然后就朝着一款红茶走去，你笑了笑，径直走上前，笑着说：“先生，您好，懂茶的都知道，冬天喝红茶好，暖胃。”

【场景三】

顾客走进茶叶店，环顾四周，然后就朝着一款红茶走去，你笑了笑，径直走上前，笑着说：“先生，您好，这款红茶质量最好了。”

【场景四】

顾客走进茶叶店，环顾四周，然后就朝着一款红茶走去，你笑了笑，径直走上前，笑着说："先生，您好，这款茶很好，买的人很多，送礼很有面子，还经济实惠。"

【场景五】

顾客走进茶叶店，环顾四周，然后就朝着一款红茶走去，你笑了笑，径直走上前，笑着说："先生，您好，一看就知道您喜欢红茶，这边还有好的，要不要看看？"

类似的五组对话场景，你是不是很熟悉？这些说法到底合不合适？

二、问题诊断

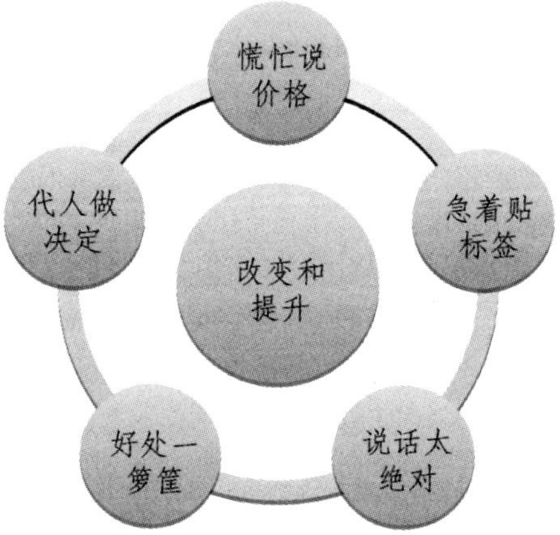

【场景一：慌忙说价格】

客人驻足观看一款茶，并不代表他在考虑价格是否合适。

倘若你上去就说"这款茶正在做特价"，潜意识里就把客人的需求给框死了，即，他是想要"特价"，只要满足这一点就能成交。

有没有可能成交呢？当然有可能！

天长日久，总会瞎猫碰个死耗子，遇到追求"特价"的顾客，但要提高成交率，就不能这样说，必须通过合适的提问，进一步确定客人的需求，才能给出你的解决方法。

【场景二：急着贴标签】

"懂茶的都知道，冬天喝红茶，暖胃。"这样说的前提是把客人列入懂茶的行列。

如果客人懂茶，就不会太在意这句话，多半会一笑而过。

如果客人不懂茶，又喜欢不懂装懂，这样说能够促进好感的建立，也就有助于随后的成交。

如果客人不懂茶，又很诚实，这样说就会造成客人心里不舒服，无形之中为后面的交流增添了小小的障碍。

所以，对客人不了解的情况下，就不要急着给客人贴标签，以免为后面的交流留下障碍。更何况，什么叫懂茶，什么叫不懂茶，根本就没有个统一的标准。

【场景三：说话太绝对】

“这款红茶质量最好了。”真的吗？

即使是最好，那么，这个比较的范围是本店，本公司，本市？

说话不能太绝对，要留有余地。万一客户说，这个不太好，我要更好的，你怎么办？

【场景四：好处一箩筐】

“这款茶很好，买的人很多，送礼很有面子，还经济实惠。”

一股脑儿说了这么多好处，就是没有考虑客人要不要听，也没有进一步了解客人是不是为了送礼才来买茶。

说不定客人就只是随便逛逛，看见包装挺有趣，才驻足观看，压根就没有进一步“行动”的意图。

话肯定要说，但必须根据对方的“需求”来说，而不是由着自己的脾气去说，更不能为了成交就迫不及待地说。

【场景五：代人做决定】

“一看就知道您喜欢红茶，这边还有好的，要不要看看？”你说出这句话，实际上是替别人做了三个决定。

决定之一，他喜欢红茶。

决定之二，他看的茶“不好”，至少是“不够好”，甚至可以感知到一点，他的眼光似乎有了问题，因为另外一边“还有好的”。

决定之三，他需要增加一个“选项”，也就是你说的，另外一边“还有好的”。

这些都是你主观臆断，都是你在为他做决定。就算你蒙对了一次，让人觉得有眼光，但成交率有多高呢？

三、破解策略

说话必须言之有据、言之有理，才能快速建立融洽的客情关系，让发展态势朝着成交的方向走。

破解这一问题的关键在于对新客进店的需求要有粗略的了解，最好是做到心中有数。

如何了解？关键就是两个字：提问！

提问 + …… + 提问 = 了解需求

具体说来，就是根据当时的情形，提出一个简单的问题，也就是客人容易回答的问题。拿上述的场景为例，我们可以这样解决。

首先，做一下铺垫，具体可以通过笑一笑释放善意，同时又不强加压力；也可以递上一杯茶，请他尝一尝，最好是红茶。然后，在他接过杯子的那一瞬间，微笑着提问："先生，平时您喝红茶吗？"

如果他说平时什么茶都喝，你可以沿着他的话题展开提问："您茶喝得多，对茶一定有自己的看法吧，如果方便的话，您尝尝这个红茶，看看怎么样？"

如此一来，两个人就可以慢慢熟悉起来，客人也会渐渐放松。

接着，在客人点评红茶之后，你可以顺势问问他这次来店的目的。

如果是买茶，你就可以接着问，是自己喝，还是送礼，然后不断了解他的具体要求，一步步满足他的需求，帮助他选择更适合他的茶，而不是最贵的茶。如果不买茶，你也可以问问他，有什么你可以提供帮助的，总之你要让他感觉很舒服很自在，直到他出门，你都要让他保持愉悦的心情。

四、说话模板

【模板一】

"您好，先生，你先看看，你有问题的话，可以随时问我。"

【模板二】

"先生，您好，这杯是六安瓜片，要不要尝一尝？"

【模板三】

"先生，您好，要不要坐下来喝杯铁观音？"

【模板四】

"先生，您好，你带了这么多行李，是不是在出差啊？"

【模板五】

"先生，您好，是不是平时爱喝红茶？"

五、举一反三

通过提问和沟通，我们可以一步步了解顾客的目的，然后判断其需求。

总的说来，尽管刚刚进店的新客千差万别，但其目的主要有五种，要熟练掌握并在沟通过程中迅速判断。

其一，明确要买茶。这类顾客有着明确目的，需求也明确，站在他的角度，一步步帮助他选择合适的茶叶，就能快速成交。

其二，比较价格。这类顾客逛了很多家，都不是很放心，多一家就多一个选择。对于这类新客，先客气对待，然后针对他的问题，耐心化解，只有把他的困惑全部打消，他才会买单。

其三，喝茶聊聊。感觉茶叶店氛围不错，就到茶叶店聊聊天，放松放松，也是件非常惬意的事情。

其四，随便看看。这类客人本身就没有目的，可能是附近的居民，也可能是游客，你让他坐下来喝茶，他也不大愿意。

其五，特殊目的。诸如，可能是竞争对手为了了解市场而进店，可能是咨询公司为了了解市场而进店，也可能是因为要问路而进店。

六、心灵茶汤：一杯热水的魔力

炎热的夏天，老人步履蹒跚地走向茶馆，要喝喝茶，休息休息。

老板亲自上前迎接，把老人领了进来。细心的她发现老人的身体状况有些异常，第一个反应就是去问一下老人的感觉，同时为老人捧上一杯热水。

在确认老人神志清醒并能准确告知子女电话之后，她判断老人是因为天气太热而轻微中暑了。于是，她立即打电话给老人的子女，并将老人安顿好休息一下。大约三十分钟，他的子女们都来了，一共有五人。

老人得到了及时的救治，避免了一些可能出现的意外。后来，老人以及亲友都成了这家店的常客。

这是我们“茶话慧”课堂上来自贵州的一位朋友何桂琴女士分享的一个故事。她说得比较细致，从一杯热水开始就散发着魔力，当时我们都非常感动。更重要的是，这个案例虽然小，却非常典型，透过它我们有几点启示。

第一，卖茶不等于茶叶换票子。老人经常来消费，主要原因并不是茶好，而是被老板感动了。老板在老人最需要帮忙的时候，给予了雪中送炭，这样的帮助是感人的、差异化的，可以说是一场及时雨。

第二，满足客人需求在先，成交在后。老人走进茶馆，第一需求并不是喝茶，而是“休息休息”，这个时候喝什么茶都不是最重要的，只要质量合格就行。老板不仅安排老人休息，而且看出老人更“紧急的需求”，随后又将心比心，着手解决，远远超出一般的“喝茶”或“休息”需求，当然能赢得顾客的心。

第三，先有人气，后有财气。老人到店的消费可能不高，但这只是开始，重视顾客就能慢慢增加顾客数量，从而为提高业绩夯实根基。

第四，商业本质上是为人服务。

情景4　老客进店，我怎么说？

阅读前，我的处理方式

我这样说：________________________________

____

主要原因：________________________________

____

____

老客，即老顾客的简称，在店里有过消费，对店铺已经有了一定的了解、认可和信任。但别以为老顾客与你很熟了，说话就可随意。

一、场景写真

【场景一】

老顾客张先生走进了茶叶店，你爽朗一笑，径直迎上前，热情地说："张哥，今天准备买点什么茶。"

【场景二】

老顾客走进了茶叶店，你爽朗一笑，径直迎上前，热情地说："张哥，今天新到了黄山毛峰，比上次的好多了，要不要尝一尝？"

类似的对话场景，我们在市场调研中都遇到过，在没有看分析之前，你是怎样的想法？

上述的说话方式，到底合不合适？

二、问题诊断

每句话的背后，不仅反映出说话者的立场，而且还能折射出说话者各种微妙的心理活动。

【场景一：太过功利】

客人一来，就问他今天买什么，虽不能说是错的，但难免有太过功利之嫌。

你可能会说对方是老顾客，非常熟悉了，但是人都喜欢“被关心”，而不是一上来就要“索取”。所以，这种说话方式欠妥，须要调整。

【场景二：自相矛盾】

“今天的毛峰比上次好多了。”难道你上次推荐给我的黄山毛峰很差？

在符合标准的情况下，我们不要轻易地去说某某茶“好多了”，因为每个人的购买力不一样，你要顾及顾客的面子。当然，不要轻易地说，绝对不是让你“不说”，更不是让你说谎，而是建议你抓住茶叶的特点去说。至于这次的茶叶到底有多好，你把茶叶的特点描述清楚了，顾客还能感觉不到你的茶叶“好”吗？更何况，千篇一律的“好”字，往往是苍白的，没有说服力的！

三、破解策略

老客进店，我们说出的一切话，都需要从感恩的心态出发，至于说什么，则要视具体情况而定。

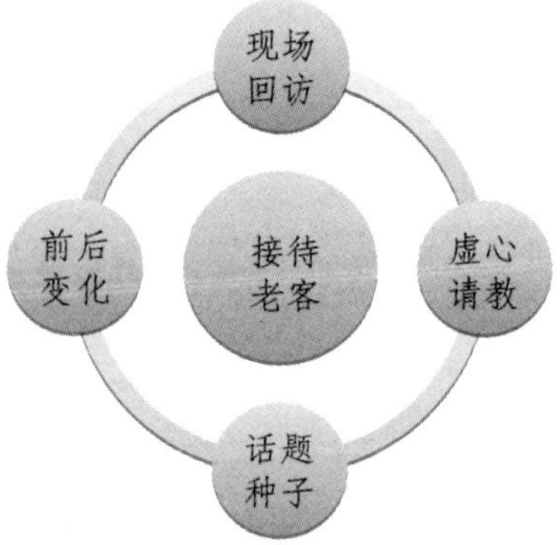

第一，现场回访。

客人来了，首先要做一次现场回访。例如，“张哥好，上次买的茶喝了之后感觉怎样？”

这是对上次消费的关心，老客回答了，你就能获得相关信息。如果客户满意那就更好，倘若不满意，则要追问不满意的原因，然后迅速做出弥补措施。

第二，虚心请教。

如果已经回访过了，也知道了客人的感受，则可以虚心地向顾客请教，让顾客提一提建议，看看哪些是需要改进的。请记住，关注顾客的内心世界，才可能打开更广阔的茶叶市场。

第三，话题种子。

每次与客户交流，都需要有意识地记下顾客特征，或者顾客身上的一些“重要事情”。

这些顾客特征或“重要事情”都是话题种子，可以在适当的时候生根发芽，衍生出更多的交流话题。例如，上次顾客说孩子要参加钢琴考级，这次就可以问问考级的情况，十分自然地体现出你对顾客的关心，而不是一上来就盯住他的口袋。

第四，前后变化。

对比顾客前后两次的形象，从同行人数到面部表情，从着装到配饰都可以观察对比，如果你看到了“可以说”的变化，那就可以大大方方地说出来，以表达自己对顾客的关注和关心。

四、说话模板

有了上述分析，再来看“说话模板”就非常简单了，但还是要提醒你，必须先理解前面的内容，才有意义。

【模板一】

张哥您来了，上次的太平猴魁，喝起来感觉怎么样？

【模板二】

张哥好，您对我们家的大红袍还满意吧，不满意的话，尽管说。

【模板三】

张哥来了，这衬衫和上次一样，都是中国风，很能彰显您的气质。

【模板四】

张哥您来了，上次的政和白茶，您的客户喜欢吗？

【模板五】

张哥好，怎么这次您的公子没过来？我很喜欢他的，超可爱的小家伙。

五、举一反三

好记性不如烂笔头，每次与客户沟通，最好都能够做适当的记录，可以用手机，也可以用笔和纸。坚持这样做，你就能在与顾客“重逢”的时候，非常自如地进行交流，而不至于“一切从头再来”。顾客的感觉也会好很多，毕竟，每个人都喜欢对方“关心自己”。若是自己的一些细节也被“关注”了，那就更令人开心。

不打无准备之仗，一切的沟通都需要素材，都必须重视日常的观察和累积。而相关的技巧，则都需要在销售实践中磨砺！

六、心灵茶汤：话术需要三种顶层设计

走进一家店，不管买不买茶，都会有对话。从开始到结束，每个接触点的对话都会留下印象，要么是好印象，促成交易；要么是坏印象，阻碍交易。怎样才能让每个人说的话都能推动成交呢？归根结底还是要从顶层设计开始。什么是茶叶企业的顶层设计？说白了就是不管企业大小，企业的一把手都要非常重视，都要由上而下地制定战略战术和“战词”，也就是我们常说的“三战体系”。

怎么理解？假如你是安徽人，第一次出差到杭州，进入一家茶叶店，想买西湖龙井送朋友，就问店小妹：“这里的西湖龙井正宗吗？”店小妹只要说一句话，就可以折射出一个茶企的顶层设计水平，或者说到底有没有做过顶层设计。我们假设店小妹说：“这是高铁站，还能卖假货？”再来看看三个层面的分析。

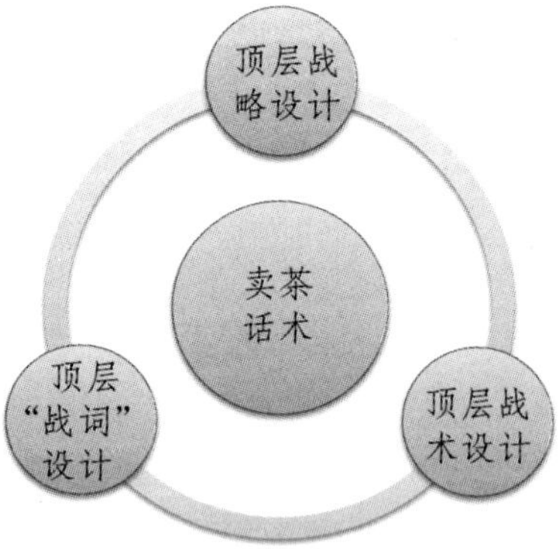

第一，顶层战略设计。

这样回答显然是借助高铁站的品牌形象来烘托自己的正宗，但现在是移动互联网时代，高铁自己卖的盒饭都可以过期，还能保证西湖龙井

正宗吗？也就是说，茶企一把手根本就没有专业系统地去审视自己的品牌战略，才导致终端不能精准表现自己的品牌形象。

第二，顶层战术设计。

针对消费者担心的正宗与否，茶企应该有具体的应对方案。比如说，先肯定顾客的担心，不要和顾客对着干，然后搞清楚顾客担心的原因是什么，再去找到具体的方法，逐一化解。

这是战术层面的问题，但是茶企一把手要把这类问题从顶层设计开始，从顶层着手解决，而不是让前线的销售人员临时发挥，也不是随随便便就搞个培训来解决。没有针对性地解决，必然是隔靴搔痒！这也是很多企业做了培训，不能解决根本问题的原因。但是，我们不能忽视培训的重要性，做了总比不做好。

第三，顶层“战词”设计。

一切的战略和战术，都要用具体的词语来体现，当然很多时候需要图片来辅助。这些词语必须能够进入消费者的内心世界，让消费者马上理解你的话语，然后又能激发联想，从而一步步引导消费者认可你的茶叶，接着就是买单了。

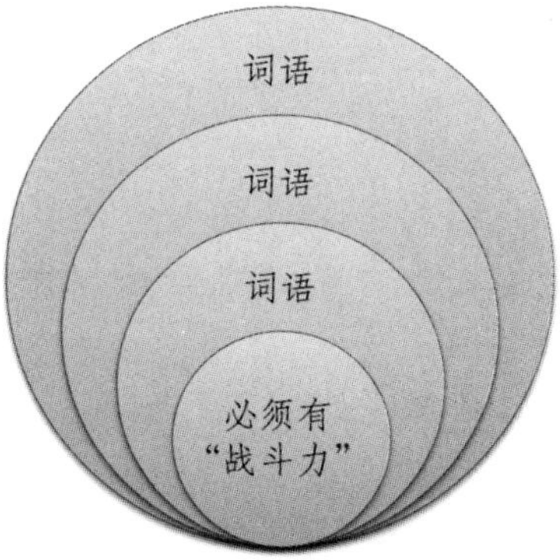

换言之，你的词语必须是有“战斗力”的！

这就是我们称之为“战词”的含义。回到开头的例子上来，“这是高铁站，还能卖假货?”导购员很明显是站在自己的角度去看问题。若是换成这样的回答：“这位大哥，你的担心有必要，看来您对西湖龙井的乱象很了解……”后面不需要再说，我们可以体会一下，听到这句话时，顾客心里是什么感觉。是不是感觉很受尊重，自己的感受“被理解了”，心里很舒服。

记住，每句话都要有力量！要卖茶，就要从卖茶话术开始做三种顶层设计，这会直接提高门店的盈利能力。

情景5　顾客不理不睬，我怎么说？

阅读前，我的处理方式

我这样说：____

____

主要原因：____

____

____

林子大了，什么鸟都有；城市大了，什么人都有。

客人进来了，你客客气气地和他打招呼，他却一言不发，你遇见过这种情况吗？

一、场景写真

【场景一】

“您好，先生，您先看看，有问题的话，可以随时问我。”导购员说。

客人没有任何表情，仿佛什么也没看见，什么也没听见，还是自顾自地看着店内商品。

导购员面带微笑又说了一遍。

这一次，客人微微扭转头，看了导购员一眼，什么表情都没有，又迅速转过头。

导购员见状就不再说话，悄悄地走开。

【场景二】

“先生，您好，这杯是六安瓜片，要不要尝一尝？”导购员说。

客人没有任何表情，仿佛什么也没看见，什么也没听见，还是自顾自地看着店内商品。

“先生，您好，打扰您一下，这杯是六安瓜片，要不要尝一尝？”导购员又面带微笑地说了一遍。

客人依然是视而不见，听而不闻，不理不睬，导购员心中有点不高兴，提高了声音："先生，您好，我在问您要不要喝茶，听见了吗?"

这次非常灵验，客人马上扭头，略带怒气地说："不喝!"

客人如此回答，导购员顿时觉得碰了一鼻子灰，但又不知如何是好，只好客气地说："好，好，您先看看。"

这些场景是不是很熟悉？既然如此，你认为应该如何处理呢？

二、问题诊断

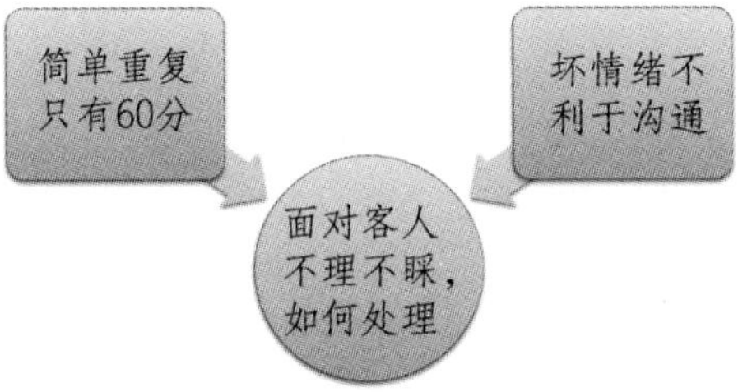

【场景一：简单重复只有 60 分】

同样的话说两遍，不算什么错，因为第一次听不清晰的情况还是存在的，重复一次有助于客人听见并回应。

就算是客人第一次听见了，有意不回答，当你说第二遍的时候，客人也可能会因为内心存在的反省机制而"不好意思"，从而调整对你的回应方式，对你的话语做出回应。

但，简单重复只能得 60 分，算是刚刚及格。可以换一种差异化的表达方式，哪怕只有一点点小的差异。

例如，在他不理不睬的时候，你可以说："对不起，打扰您了，请先随便看看。"

这句话既表达了歉意，又可以礼貌地抽身而退。

【场景二：坏情绪不利于沟通】

卖茶过程，不是简单的叶子换票子，涉及的因素很多，尤其是要控制情绪，提高情商。

说了两次，客人不搭理你，你对客人就不耐烦了，这就严重阻碍了后期的沟通。没有了沟通，基本上就断绝了成交的可能。人是情绪动物，不同之处在于，每个人控制情绪的能力不一样。所以，你再有情绪，也必须在客人面前严格控制。

三、破解策略

客人不理不睬，一定有他的原因，这里分三种情况来阐述。

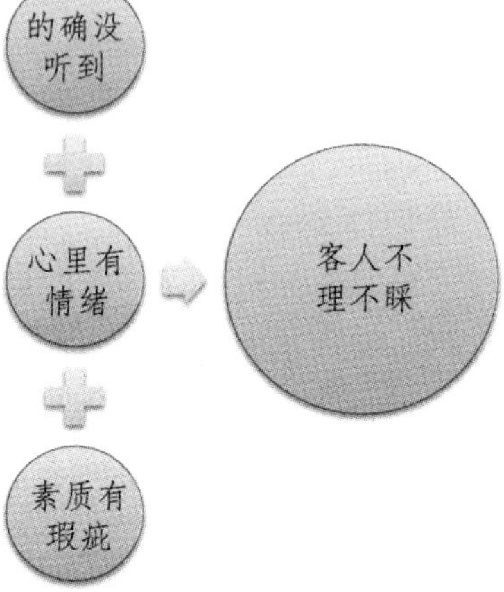

第一，的确没听到。

这个时候，你最好是礼貌地换一种方式，温和地提醒一下。这是情理之中的举动，是对的。哪怕是重复地说一下，也并无大碍，都是可以理解的。

第二，心里有情绪。

客人遇到了麻烦事，心里闹情绪，不想说话，这也是正常的，任何人都可能会出现。这个时候，你同样要理解。

你说了两次，他不说话，不做任何其他回应，你就要悄悄走开，等到他有需求的时候，再去和他沟通。

请注意，有时候，“沉默”也是一种非常有效的沟通。因为，你“沉默”，不去打扰他，也不破坏他的宁静，反而是对他的一种尊重。

第三，素质有瑕疵。

人分三六九等，素质不够的人的确存在，遇到这种情况也要泰然处之，但仍要保持对一个人的基本尊重。请注意，可以允许别人素质有瑕疵，但别容许自己的瑕疵，无论别人怎样，你自己还是要保持专业的素质。

四、说话模板

这一节的“说话模板”主要是不卑不亢地表达对客人的尊重，同时又要让自己大大方方地离开，为以后的交流做准备。

【模板一】

“对不起，打扰您了，您先随便看看。”

【模板二】

“对不起，打扰您了，这杯茶我先给您放在一边，您需要时再品尝。”

【模板三】

不再说话，笑着离开。

五、举一反三

人的类型虽然多，但开店做生意，总是要笑脸迎人。笑容，是一个有魔力的润滑剂，可以让很多僵硬的面孔“润滑”起来。

所以，不论何种情况，只要你心怀善念，保持着一副笑脸，不断释放出善意，总能灵活面对“不理不睬”的客人。

至于最终的结果，并不是你能够决定的，你只要做好自己能够控制的就好！

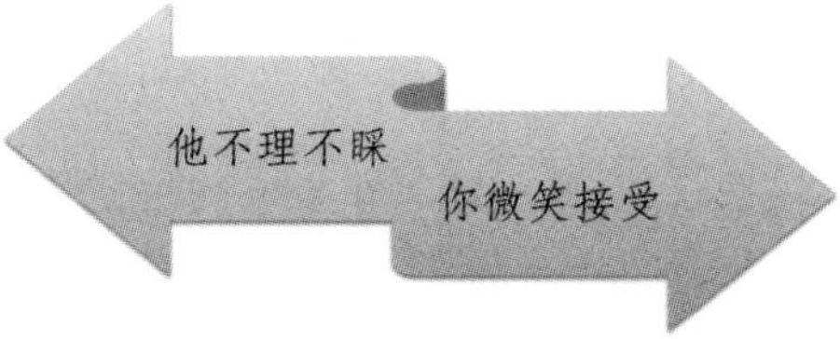

六、心灵茶汤：茶，只是一个容器

茶，没那么复杂，他只是个容器。

你心里有什么，茶里就有什么。

你所能“看到的”，不会超过你心里所“拥有的”。

你内心宁静，就可以看到茶里的山川静美。

你内心浮躁，一定会看到茶里的翻江倒海。

你想快速发财，就会盯着茶里的金山银山。

移动互联网，留给茶产业最大的机遇是“走心”。

其实，经销茶叶，就必须围绕顾客转；会说话就是在为顾客同时也为商家自己创造价值。

情景6　顾客带着孩子进店，我怎么说？

阅读前，我的处理方式

我这样说：____

____

主要原因：____

____

____

大人带着小孩进店，这与顾客一个人进店有什么不一样呢？

一、场景写真

一位女士带着一个小男孩，有说有笑地走进了茶叶店。导购员满面笑容，径直迎上前，十分客气地说：“美女，您好，带孩子不容易，坐下来歇一歇，喝喝茶吧。”

这样的场景想必你也经常遇到，在没有看分析之前，你怎么看待导购员的说话方式？

二、问题诊断

女士带着小孩进店，通常情况下，我们首先要关注小孩，说话的内容也最好是以小孩子为主，至少要同时提及。

为什么？这是人性。甚至可以说，你重视孩子，更能体现你的爱心，也能体现出你关注顾客的“个性化体验”，这比你“重视大人”更能让大人开心。大人为了孩子，常常不计成本地去花钱。

回到上述的场景来看，很显然，导购员打招呼过程中，“美女”一词赢得了女人的好感，紧接着的“带小孩很累”这句话，则进一步站在了女人的角度去怜惜女人。

但无论怎样说，你都不能轻视了小男孩，更不能忽视了小男孩。

三、破解策略

孩子就是打开大人“话匣子”的钥匙，也是进入大人内心世界的捷径。遇到这种情况，你可以按照两种情形、六个角度去说话。

第一种情形，女人是新客。

角度一：直接针对二人打招呼。假设是在早上，你就可以笑着说：“早上好，美女带着小帅哥来了，小帅哥几岁了？”

角度二：主要针对小男孩打招呼。同样假设在早上，你可以针对孩子的一个特点说：“小帅哥，你帽子上的小猫咪好可爱，要不要叫它跳下来喝杯茶呢？”

角度三：利用店内的茶食品打招呼。同样假设在早上，你可以笑着对妈妈说：“美女，这个是纯天然的茶点，要不要给小帅哥尝尝？”

第二种情形，女人是老客。

角度一：直接针对二人打招呼。假设是在早上，你就可以笑着说：“王姐早上好，今天把小帅哥带来了，要不要再尝一尝上次喝过的大红袍奶茶？”

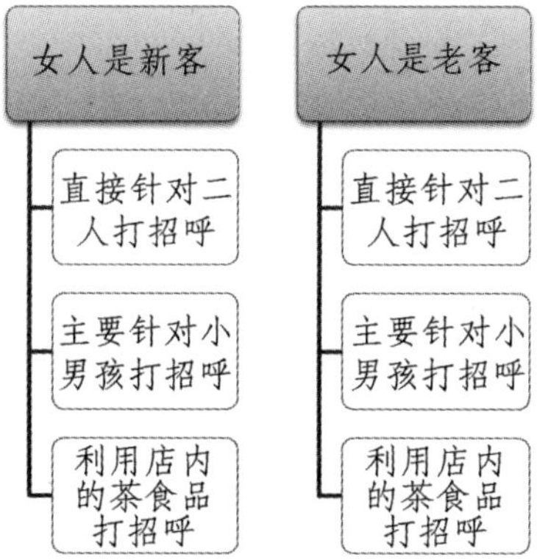

角度二：主要针对小男孩打招呼。同样假设在早上，你可以针对孩子的一个特点说：“小帅哥，你帽子上的小猫咪好可爱，可以借给我戴吗，我请你喝上次的大红袍奶茶？”

角度三：利用店内的茶食品打招呼。同样假设在早上，你可以笑着对妈妈说：“王姐，这个是新到的纯天然茶点，没有添加剂，要不要给小帅哥尝尝？”

读者朋友一定要仔细对比两种情形下对话的区别，虽然看起来用词的变化不大，但足以显示出你说话的“个性化”，也就是服务的“个性化”。

这很重要，例如，“王姐”“上次喝过的大红袍奶茶”“新到的纯天然茶点”等等都能够让“王姐”感受到自己备受重视，自己的饮食习惯、孩子的喜好等等，导购员都了如指掌，简直就像自己的家人。

四、说话模板

这一节的“说话模板”，我们以上述第一种情形的角度二展开，看看如何通过孩子来逐步过渡到茶叶销售上。

一位女士带着一个小男孩，有说有笑地走进了茶叶店。导购员满面笑容，径直迎上前，十分客气地说：“小帅哥，你帽子上的小猫咪好可爱，要不要叫它跳下来喝杯茶呢？”

孩子扑哧一笑，女人也跟着笑出声来，拍了拍孩子的肩膀说：“阿姨让你去喝茶呢！”

“好啊。”孩子蹦蹦跳跳地跟着导购员来到茶桌边，找了个凳子坐了下来，女人则紧挨着孩子坐下。

“小帅哥平时喝茶吗？”导购员问。

“和妈妈一起喝茶。”孩子说。

“喝的是什么茶呢？”导购员继续问。

孩子回答不上来，转过身看了看妈妈，示意妈妈回答。

妈妈笑着说：“平时经常喝正山小种。”

“对了，妈妈要买正山小种，送给外婆。”孩子抢着说。

“小帅哥真懂事，这么小就懂得孝顺外婆。”导购员笑着对孩子说。

“也没什么，呵呵。”女人一边说，一边满意地微微一笑。

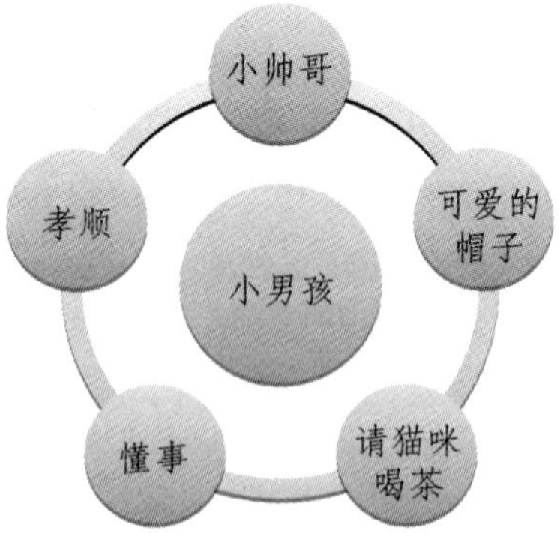

交流至此，导购员不仅通过赞美小男孩的帽子，与客人建立了初步的情感交流，而且通过赞美小男孩的“懂事”“孝顺”等，一步步赢得了女人的好感。

随后的交流过程中，只要其正山小种的质量过关、价格合理，沟通不出现大的差错，成交的可能性还是非常大的。

五、举一反三

这里举出的例子是女人带着小男孩，假如换成女人带着小女孩，男人带着小男孩，或男人带着小女孩，也是类似的处理方式——把最先关注的重点放在孩子身上，然后再寻找机会逐步展开对话，并朝着茶叶销售的方向进行。

六、心灵茶汤：茶叶凭什么“个性化”?

我提出“过度工业化将干掉中国茶”的观点后，很多读者及时予以反馈，非常有代表性的是一位湖南老板的见解：

“心里面有个性化打底，但是为了赶上时代，我正准备买茶叶机械(用于杀青、揉捻、烘干等)。看到你的文章点化后，不去买了。请问按传统方法去做茶，属于个性化的一种吗?”

这位老板为人非常诚恳，这也是一种个性化。

个性化是一系列元素的集合，有强烈的，也有微弱的，不同人会对不同的元素感兴趣，这也是个性化的基础。

中国那么大，地理环境、人文环境、制作工艺等等千差万别，这就为茶叶的个性化提供了肥沃的土壤。

按照传统方法做茶有可能形成你的个性化，但是你的个性化不一定要依赖传统方法。因此，该买的现代化茶叶机械还是要买的，毕竟生产效率很重要。

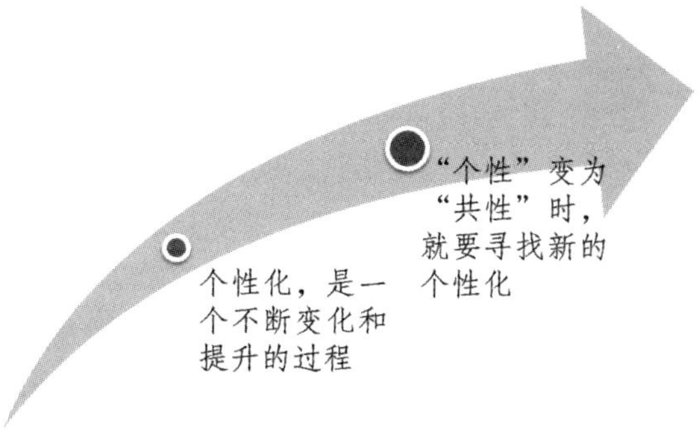

千万别把茶叶机械化等同于“没有个性、没有特色”，而是要充分利用机械化带来的便利，同时又能把传统特色兼容并蓄。

个性化的茶，最终是为了满足消费者的个性化需求，让消费者获得愉悦的消费体验。快速崛起的柑普茶，是用新会大红柑和云南普洱茶叶为原料制作而成的一种茶，外观也极具个性，迅速吸引消费者的关注和尝鲜欲望。当柑普茶遍地都是的时候，茶商又要找到其他的个性化，来增强自己的竞争优势。

情景7 顾客不愿意品茶，我怎么说？

阅读前，我的处理方式

我这样说：______________________________

____

主要原因：______________________________

____

____

你天天接触茶，了解茶，喝一杯茶是非常自然之事，但对客人来说就未必如此了。所以，无论进店的顾客愿不愿意品茶，都是非常自然之事。

无论你经历过多少类似的体验，你要的都是坦然接受这种现实，最好是欣然面对，然后想办法解决。

一、场景写真

【场景一】

一位老人，步履蹒跚地走进了茶叶店，转了一圈。导购员十分客气地说：“大爷，坐下来喝杯茶，歇一歇吧。”

“不喝了，我看看就走。”老人说。

“还是喝杯茶吧，您看上去有点儿累了。”导购员说。

“不喝了，小姑娘，谢谢。”老人客气地说。

“大爷，喝一杯吧。”导购员坚持说。

“不喝了，我看看就走。”老人说。

……

【场景二】

一位男士，着装素雅，笑着走进了茶叶店，简单看了看各个产品。这时，导购员顺势客气地说：“您好，先生，要不您坐下来歇一歇，多品几种茶，看看有没有喜欢的。”

“不喝了，谢谢，我还要赶时间。”男士彬彬有礼地说。

“没关系的，喝几杯茶不需要多少时间，十分钟就够了。”导购员继续说。

“谢谢你，不用了。”男士客气地说。

“真不需要多少时间的，尝过了才知道哪种茶合适，您说呢？”导购员耐心地说。

……

不知不觉中，很多人都会像场景中的导购员一样，反复劝说进店的客人喝茶。

这样的场景，我们在全国性的市场调研中也经常遇到，在没有看分析之前，你怎么看待导购员的说话方式？

二、问题诊断

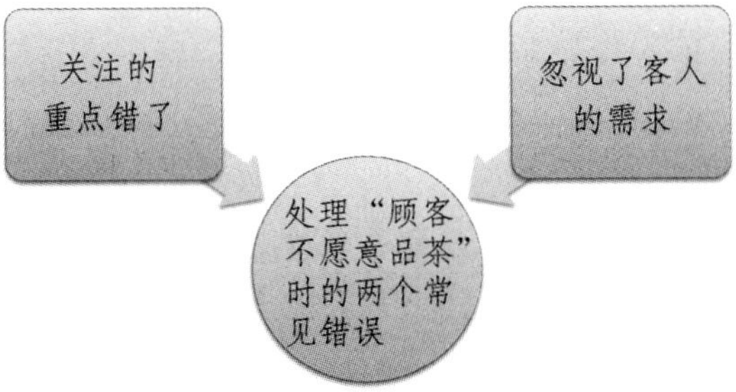

【场景一：关注的重点错了】

老人步履蹒跚地走进店，一定是有需求，否则不会走进店。但老人又明确表示不喝茶，而且是“我看看就走”。这表明老人心中一定有什么东西“左右着他”，让他匆匆而来，又要匆匆而走。

导购员关心老人，注意到老人看上去有点儿累，建议他喝杯茶休息休息，这建议本身没有问题，但考虑到老人的“焦急”才是问题的重点，导购员这样说并没有化解老人的“焦急”。所以，老人连续三次表示“不喝了”，如果导购员的沟通方式不变，再重复第四次，老人喝茶的可能性也极小。

【场景二：忽视了客人的需求】

这个场景很简单，客人赶时间还进店，又“简单看了看各个产品”，这也表明客人有明确而急迫的需求，否则他为什么要进店？哪怕他是要做市场调研，也是一种需求，只要导购员说话到位，沟通得当，同样可以引导他买茶。场景中的导购员却对客人“赶时间”的现实听而不闻，一味地劝说客人品茶，并且强调品茶需要的时间不长。这都是站在自己的角度出发说话。

试想，你在店里上班，十分钟不算长，但对一个赶时间的人，十分钟就是宝！这样的沟通怎么会有好结果？

三、破解策略

每个人的立场不同、性格不同、境况不同，你要顺利卖茶，说话就要换位思考，站在对方的角度去说，必须想着如何才能为对方解决问题，为对方带去更多的好处或便利，才能让客人顺便聆听你的建议。

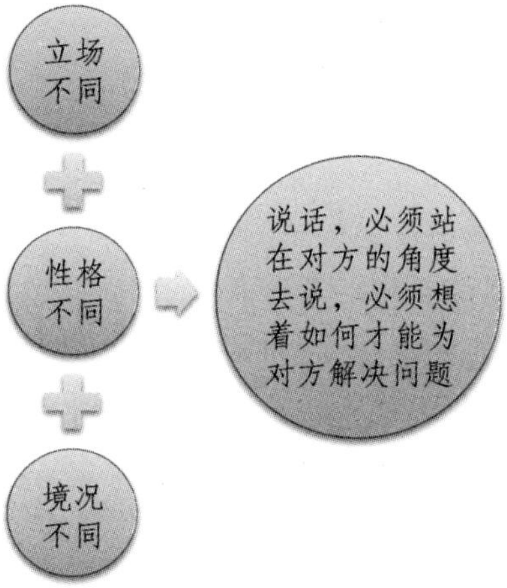

这才是破解这一问题的关键。

简单点说，既然你希望客人坐下来品茶，你就要针对客人表现出来的真实“需求”去说话，让客人觉得品茶是一个正确的选择，离开是一个不正确的选择。

这个决定权在客人那里，并非你三番五次强调品茶，客人就一定能坐下来品茶。即便在你的再三要求下，客人坐下来了，买了些茶，这样强扭的瓜能有多甜呢？

无论结果怎样，我们都不主张忽视客人感受的“死缠烂打”，更不主张漠视客人感受的“强势推销”，我们主张基于真诚沟通的“真诚销售”，这才是茶叶店安身立命的根本，也是最符合茶文化精神实质的卖茶方式。

四、说话模板

本节“说话模板”，根据开篇列出的两个场景展开，其中“模板一”对应“场景一”，“模板二”对应“场景二”，请重点看加黑的文字，体会一下“转折”的重要作用。

【模板一】

一位老人，步履蹒跚地走进了茶叶店，转了一圈。导购员十分客气地说：“大爷，坐下来喝杯茶，歇一歇吧。”

“不喝了，我看看就走。”老人说。

“哦，不好意思，打扰您了，大爷，您先看，如果有问题，您再问我。”导购员说。

“没关系，我就是想看看什么茶能降血压，儿子说得了高血压，我很着急。”老人说。

“是啊，父子连心，您一定很着急，现在的年轻人很累，很多人都患了高血压，我们的经理年纪轻轻的，也有高血压。”导购员说。

“他喝什么茶？”老人问。

“大爷，他什么茶都喝，其实，很多茶都能够辅助降压的，但只是辅助降压，您千万别听一些人的宣传，单独靠茶降血压是不可能的，重要的是生活方式。”

“哦，这样啊，我就是看到了不少广告。谢谢你，小姑娘，那你建议喝什么茶呢，哪怕是一点辅助作用也好？”

……

随后，导购员就可以结合老人的需求和购买力，充分为老人考虑，为他推荐一款质优价廉的茶叶，逐步建立良好的客情关系，争取将老人变为茶叶店的忠实顾客。

【模板二】

一位男士，着装素雅，笑着走进了茶叶店，简单看了看各个产品。

这时，导购员顺势客气地说：“您好，先生，要不你坐下来歇一歇，多品几种茶，再看看有没有喜欢的。”

“不喝了，谢谢，我还要赶时间。”男士彬彬有礼地说。

“哦，不好意思，打扰您了，时间这么紧，我能不能帮您一点呢？”导购员问。

“我是来出差的，顺便和老同学聚聚，没来得及准备礼物，一会就要见面，赶着挑个礼物。”男士笑着说。

……

对话至此，男士的需求一目了然，导购员只须进一步了解其老同学的喝茶习惯，参考男士的心理价位，成交基本上是水到渠成。

五、举一反三

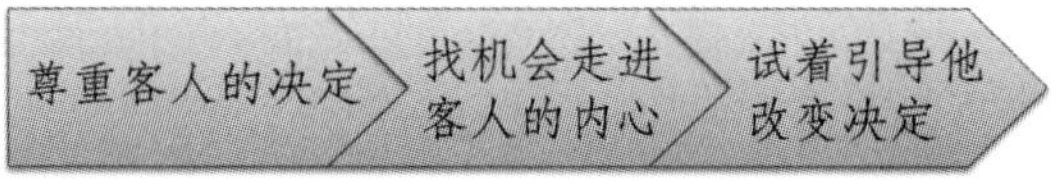

从客人不愿意品茶、不愿意坐下来到不接受赠送的优惠券等等，都有着类似的原因，处理方式也是换位思考，尊重他的决定，然后找机会走进他的内心，引导他改变决定。

若是改变不了，则要抓住重点，无论怎样，都要让客人开开心心地离开茶叶店，而不是在走出茶叶店的那一刻，长长地舒缓了一口气：“终于逃出来了。”

六、心灵茶汤：总有一杯茶感动自己

讲一个调研路上亲身经历的故事：

“坐下喝杯茶，歇一歇，身上都是汗。”店主笑着说。

“不了，我简单看看。”我笑着回答。

“不用客气，正好在泡陈年白茶，味道挺好的。”店主继续说。

“我不是来买茶的，我只是来了解市场。”我不想让店主因为误解我要买茶而笑容满面，就直接告诉店主。这是一家在上海天山茶城的茶叶店。

“不买茶也没关系，坐下歇歇吧。”店主抱着孩子，依旧十分客气，十分自然，接着又说：“今天很凑巧，这一泡茶我们平时也很少泡，你尝尝看。”

“是不是那个‘5号’？”我指了指广告牌，笑着问。

"是的，这是放了三年的白茶，她身体不适，我叫她过来喝喝茶，试试看，也许喝了会舒服些，我们经常这样做。"店主指着身边的女人，笑答。

推辞不过，我坐了下来，店主泡了三种白茶，品饮之后，我就喜欢上了其中的两款。

之前，我喝过很多种白茶，但从未喝过如此"纯"的白茶，既有口感上的，也有精神层面的。我问她是不是福鼎白茶，她说是政和白茶。由于我对政和白茶知之甚少，不便品评。为表示谢意，我顺便送了一本我的旧作《点茶成金——快速卖茶72招》给她。

她受赠后很高兴，接着谈起自己曾经做过的一些努力，我认真地听。

短短的几十分钟，我因夏日里的一杯茶而感动，并在感动中交换了大家对茶叶销售、营销和品牌的看法。临别之前，店主还赠送了一盒白茶，并诚意邀请常来喝茶。

情景8 面对打探行情的同行，我怎么说？

阅读前，我的处理方式

我这样说：________________________________

____

主要原因：________________________________

____

____

知彼知己，百战不殆。

你开店，对手来查看“敌情”，也是正常之事。想必你也窥探过别家的秘密，只要对手的举动不过分，同样需要泰然处之。

一、场景写真

客人走进茶叶店，认认真真地转了一圈，问问这款卖得怎么样，问问那款卖得怎么样。

随后，客人又拿了盒紫阳富硒茶，来到导购员面前问：“这款茶好卖吗？”

“买的人很少，知名度太低了。”导购员说。

“这么多茶，都很少人买，你的收入怎么保证呢？”客人问。

“我也是临时干一段时间，有了好工作再换呗。”导购员说。

“哦，茶叶不好卖，老板的日子也不好过。”客人叹了口气说。

“听你的口气，你是同行吧？”导购员吃惊地问。

“不是，不是，我就是随便说说。”客人不好意思地说。

“我看你就是同行，一进来我就觉得你有点不对劲，总是指着茶品问销量。一般的消费者不大会这么问，你就别装了。”

“真不是同行，我走了。”说罢，客人就站起身快步离去。

导购员的处理怎么样？可以打多少分？应该怎么做？

二、问题诊断

遇见同行来打探，在你面前露馅了，你很不高兴，就毫不客气地拆穿他。这是一种处理方式，但不是最好的处理方式。

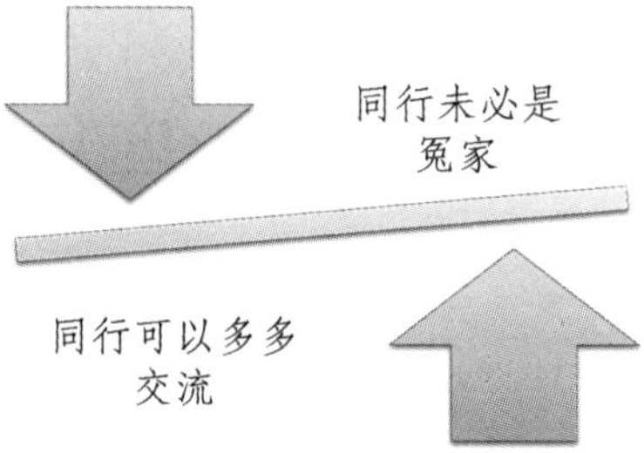

无论怎样，做生意都不容易，同行未必都是冤家，至少可以多多交流，共同成长，更没必要毫不留情，弄得个不欢而散。

对于场景中的客人来说，他的问题很多，不仅涉及商业机密，还涉及你的个人隐私，你要注意：

其一，作为团队一员，你要注意保守店铺乃至公司的商业秘密，不能随随便便就把销量全部都告诉别人。

但请注意，不少消费者都有跟风心理，甚至是非常严重的跟风心理，一定要弄清楚哪款茶品好卖，然后就买哪款茶品。现在流行的“爆款”概念，其背后暗藏着消费者跟风心理的魔力，也就是羊群效应的魔力。再如，为什么很多大大小小的电商平台都在刷单，制造虚假的畅销现象？归根结底，跟风心理也是重要原因之一，其他的原因可能是为了“财务报表更好看”。

其二，作为团队的一员，你不能把自己的牢骚向客人展示，你要维护个人、店铺乃至公司的品牌形象。例如，你认为工资低、提成低、没有专业培训，或者你认为食宿条件不好等等，都是公司内部的事情。既然人在公司，你就要感恩，就要为公司的品牌加分，而不是肆意破坏公司品牌形象。果真这么做，即便是竞争对手，也会鄙视你，因为你可以破坏 A 品牌，同样可以破坏 B 品牌。

你若真有能力，大可以施展出来，创造杰出的销售业绩，鳌里夺尊，让领导或老板刮目相看；或者你嫌弃现在的公司，那就干脆跳槽。

其三，得饶人处且饶人，你在言语之中，要给别人留面子。类似上述场景，点到即止就可。

三、破解策略

第一，直接以探讨的心态展开话题，多听听对方的心得体会，及时记住并消化一些有益的做法，不去争论是不是同行。

第二，以交朋友的心态点破对方的身份，然后继续探讨，以互通有无，共同提高销售能力。

第三，抓住他真正感兴趣的产品，导向销售。把产品销给同行怎么就不行呢？

四、说话模板

【模板一】

……

“哦，茶叶不好卖，老板的日子也不好过。”客人叹了口气说。

“是啊，我们老板好像也挺着急的，开会的时候能感觉到一些。你们卖得怎么样？”导购员说。

“最近好了点，前段时间我也很着急，开一天亏一天，睁开眼睛想到的就是这个，很难淡定，只能四处走访，四处找方法，不断地尝试加总结，还好有了点效果。”客人说。

“能不能传授一点秘诀，我也想做好，不想浪费老板的工资。而且，我也不想老换工作，飘来飘去的感觉不好受。”导购员真诚地说。

“算不上什么秘诀，你要把产品的特色搞清楚，另外就是要会沟通，要提高说话水平，要能够看到客人的核心需求，这样就不难成交了。”客人笑着说。

“太谢谢您了，怎样提高说话水平呢？”导购员继续问。

……

【模板二】

……

“这么多茶，都很少人买，你的收入怎么保证呢？”客人问。

“我们老板挺好的，保底工资不低，倒是老板自己的压力很大，你的压力也不小吧？”导购员说。

“是的，现在的实体店都难做，房租高、利润低，进店的客人又少了很多，只能想办法解决。”客人说。

“这么巧啊，你也是开茶叶店的？我得向您请教请教。”导购员笑着说。

“你真有眼力，哈哈，多交流交流，你很为老板着想的，很好！”客人笑着说。

……

五、举一反三

从人类战争到商业竞争，“情报”都是必需的。同行到你的店铺走走，了解市场行情，也就是为了获取“情报”。

你同样要走出去，去同行的店铺走走，并且要经常走出去！

在这一过程中，你可能会发现竞争对手的问题，这时你就要认真反思一个问题：这个问题，我们店或我们公司是不是一样存在呢？如果存在，我们应该如何有效解决呢？

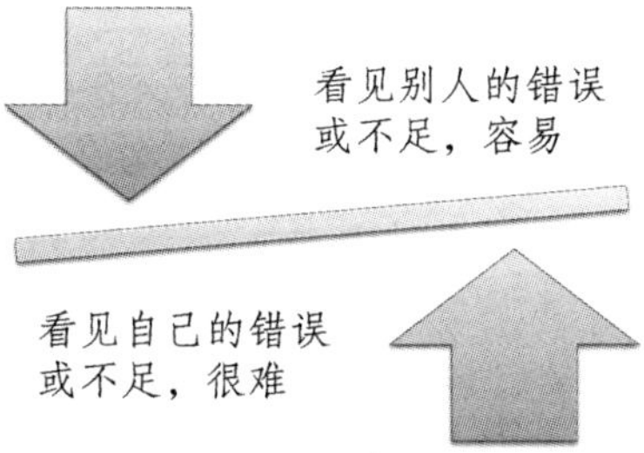

看见别人的错误或不足，容易，但看见自己的错误或不足，很难！

若能经常换个角色，增加些换位思考，则就容易一些。因此从这个角度来看，你也要经常出去走走，以“看清自己”，增加对自己的了解。

“责人之心责己，恕己之心恕人”，如此坚持下去，你必定会持续不断地提高说话水平，大幅提升自己的市场竞争力。

情景9　顾客想了解茶叶产地，我怎么说？

阅读前，我的处理方式

我这样说：____

____

主要原因：____

____

____

从古至今，我们提到茶叶时，多半会直接与产地关联，例如，西湖龙井、黄山毛峰、舒城小兰花、祁门红茶、政和白茶等。

在当今茶产业大发展时期，茶叶品种越来越丰富，产地也越来越多的时候，顾客就很难分清了，自然就想了解茶叶产地，这个时候，你怎么说呢？

一、场景写真

【场景一】

客人指着货架上的徽岚牌九华佛茶问："九华佛茶是哪里产的？"

"九华佛茶主要产于九华山及其山脉南北邻近地域。"导购员笑着回答。

"哦，九华山，好像是佛教名山，非常有名，但九华佛茶真的是没听说过，这是头一次听到。"客人说。

"是的，九华佛茶的品牌推广做得很少，的确是很少人知道。"导购员说。

……

【场景二】

客人指着茶样说："这个是西湖龙井吗？"

"当然是了，正宗的西湖龙井，您看看就知道了。"导购员说。

"怎么看？"顾客问。

“您看这外形扁平光滑、挺秀尖削，色泽翠绿鲜活，均匀整齐，怎么能不正宗呢？当然最正宗了。”导购员耐心地说。

“我是外行，你说的词语我听都听不懂，怎么看啊？你这西湖龙井是哪里产的？”客人十分无奈地说。

“都是核心产区产的啊！”导购员自信地回答。

“核心产区，核心产区。”客人轻声念叨了两遍，仿佛是自言自语。

“是啊，都是核心产区，您就放心吧，现在要买几盒？”导购员重复道。

“谢谢，我去逛逛再说。”客人说完就头也不回地走开了。

……

二、问题诊断

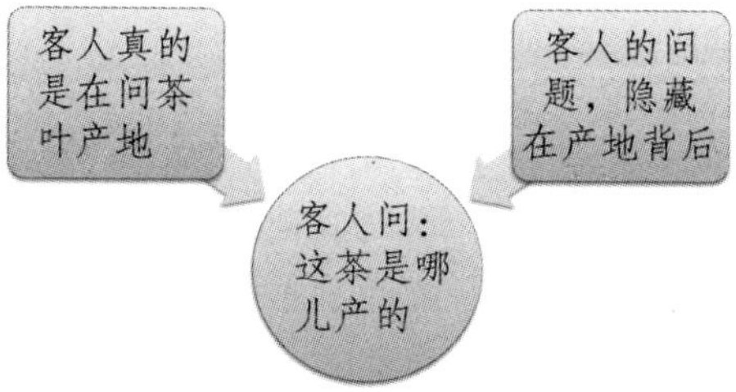

【场景一：真的是问产地】

这种场景很常见很简单，尤其是针对品牌知名度不高的茶叶。

场景中的“九华佛茶”，全国知名度不高，当客人问“九华佛茶”是哪里产的，一般都是问产地，没有复杂的想法，只要导购员能够说清楚是哪儿产的，就可以解决客人的问题。

当然，场景中导购员针对客人提出的没听过九华佛茶，坦诚地说：“九华佛茶的品牌推广做得很少，的确是很少人知道。”这样实实在在的回答，更有助于提高信任度。

【场景二：问题在产地背后】

这种场景十分常见，也比较复杂，需要重点分析。

我们做过很多市场调研，经常遇到类似的场景。客人决定走开，肯定是因为导购员的回答不能解除他的疑惑。但是，请注意，并非所有的人听到类似的回答都会走开，瞎猫还会碰到死耗子，这样的回答也会带来生意，尤其是品牌影响力足够强的时候，更容易“成交”。

我们要提高说话水平，提高成交率，就要抓住场景中导购员说话的问题。当客人指着茶样问“这个是否西湖龙井”时，导购员就应该马上意识到客人对西湖龙井的真假表示怀疑，毕竟市场上假冒的西湖龙井太多太多，太难分辨！

但是，导购员说出一堆类似“评审”的词语，根本没有化解客人的疑虑，所以客人只好继续问“你这西湖龙井是哪里产的”，这个问题只不过是在变个方式问“这个是正宗的西湖龙井吗”。这个时候，如果导购员能够马上醒悟过来，及时调整好回答方法，及时化解客人疑虑，还是可以继续沟通的，但导购员的答案是更为模糊的“核心产区”，令客人很难信服，接着又疑惑：“核心产区究竟在哪里?”

这个问题搞不清楚，顾客怎么敢买？

三、破解策略

同样是问茶叶产地，场景一中的问题，按照第一节中的回答即可。

场景二中的问题，则必须正面回应客人的顾虑，不仅要明确告知茶叶产地，而且要尽力告知顾客，究竟是在“哪块地”或“哪座山”产的。若是有自己的茶叶基地，也最好是及时告知顾客，一步步打消客人的顾虑。在描述自己的茶叶基地时，越详细越有说服力。

另外，不少茶叶品牌会在包装上注明采摘日期、制茶师傅或打上二维码等信息，这些举措同样有助于增强信任感。

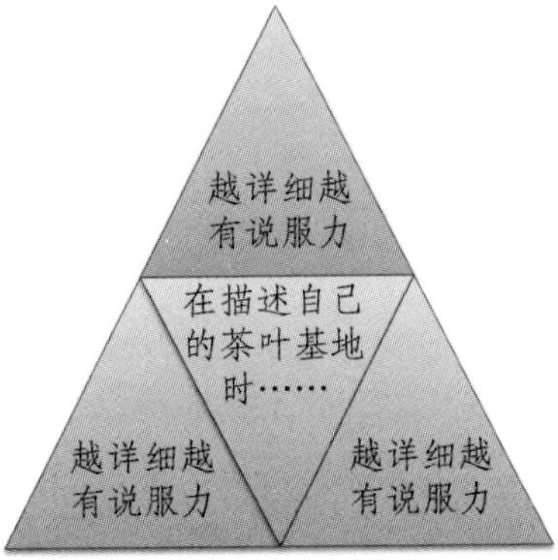

四、说话模板

通过上述分析，我们以场景二为例来阐述“说话模板”。

我们设定从客人开始问“你这西湖龙井是哪里产的”开始，来看一看如何“说话”才能逆转沟通的氛围，消除客人的疑虑，回到正路，让对话朝着成交的方向走。

“我是外行，你说的词语我听都听不懂，怎么看啊？你这西湖龙井是哪里产的?”客人十分无奈地说。

“对不起，是我没说清楚，没有消化公司的培训，只会照着培训去背书，您别介意。”导购员难为情地说。

“没关系，没关系。”客人客气地说。

“谢谢您理解，我们公司有自己的茶叶基地，就在狮峰山，那是西湖龙井原产地的一级保护区，是名副其实的核心产区。公司做了三十多年茶叶了，每年都会组织活动，邀请我们的客户去基地参观旅游，我虽然刚来，但也去过好几次了。”

“哦，西湖风景优美，那里的风景也一定不错吧。”客人笑着说。

“是的，我很喜欢那里，生态环境很好，流水潺潺，云雾缭绕，以后公司搞活动，如果您方便，也一定要抽空去我们公司的基地走走。”

“好，现在有优惠活动吗?”客人爽快地回答并提出优惠的疑问。

……

交流至此，客人的疑虑已经消失大半，后面的沟通得当，成交便是水到渠成。

五、举一反三

客人想理解一个产品，必然有疑问，有的疑问比较简单，直接回答就好，就像“场景一”中的客人问九华佛茶是哪儿产的，而有的疑问就“话中有话”了。

听话要听音，销售过程中，不仅询问“茶叶产地”时会遇到这些“话里有话”的现象，问价格、问优惠、问农药残留等等，都有可能是醉翁之意不在酒。

六、心灵茶汤：客人凭什么听你的？

我曾经在途中看到一家颇有趣味的茶叶店，打着茶叶的招牌又挂着服装，我觉得好奇就走了进去。这已经是职业习惯。

导购员很客气，一上来就笑着对我说，店里的茶叶很便宜，让我“带点茶回家吧”。这口气一听就是经过培训或看过一些销售书籍的，我在一些培训课和书籍里都“听”过类似的词语或分析。

他没说“买”，而是用“带”，显得很轻松很亲近，好像我们已经是朋友了！实际上，我们都能感觉到，固定用这种“攀亲戚”的思维，一定会丧失很多成交的机会。一上来就是“朋友”，你觉得合适吗？

我认真观察了产品包装、店铺陈列、产品种类、产品特色表述等等，在这过程中，这位热情大方的导购员至少说了四次让我“带点茶回家吧”，搞得我有点难为情。

但是，这位导购员自始至终都没有问过我的需求，例如，我究竟要不要买茶，要买的话究竟想买什么茶等等。

卖茶，不是简单的叶子换票子，而应该站在消费者的角度去帮消费者买茶。商家和店员，都要推心置腹，把“替自己卖茶叶”的思维转变为“帮顾客买茶叶”的思维，这是问题的关键。

以上述现象为例，站在客人的角度看，“我凭什么要听导购员的？我凭什么要带点茶回家？”在客人看来，这是你对他的不尊重。沟通必须是双向的，必须看到自己和对方的需求，否则，永远只有“沟”，没有“通”。

情景 10　顾客问起茶叶质量时，我怎么说？

阅读前，我的处理方式

我这样说：________________________________

____

主要原因：________________________________

____

____

质量的重要性，怎么说都不为过。

你重视，顾客也重视，当顾客问起茶叶质量时，怎么回答就非常重要了。

一、场景写真

【场景一】

“这茶质量怎么样？”客人拿起一盒茶叶，望着导购员问。

“当然好了，非常好。”导购员说。

【场景二】

“这茶质量怎么样？”客人拿起一盒茶叶，望着导购员问。

“我们家的茶叶您还担心，那您就不要买茶了。今天您就放一万个心吧，亏不了您。”导购员说。

【场景三】

“这茶质量怎么样？”客人拿起一盒茶叶，望着导购员问。

“您不是喝过了吗？还不相信自己的嘴巴？”导购员说。

【场景四】

“这茶质量怎么样？”客人拿起一盒茶叶，望着导购员问。

“一看就知道您不懂茶，这茶卖得可好了，懂茶的人都喜欢买这个。”导购员说。

我们在市场调研中经常问“这茶质量怎么样”，获得的答案也是五花八门，刚刚只是列举了四种典型场景。你也许会觉得那些回答有点“不大舒服”，但也许你平时也是那样回答的。

二、问题诊断

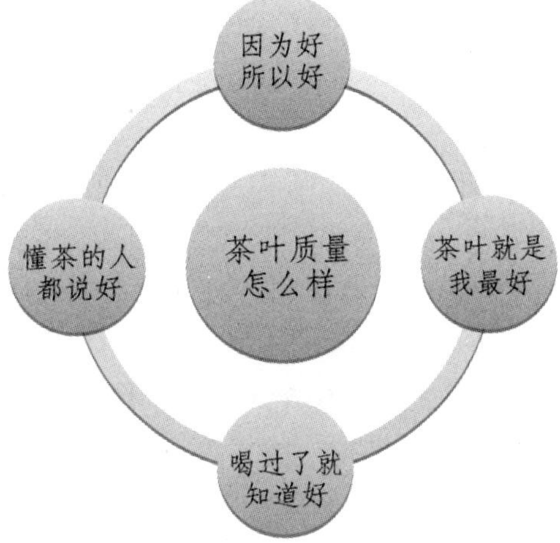

【场景一：因为好所以好】

导购员非常自信，但泛泛而谈的“当然好”“非常好”，通常很难打消客人对茶叶质量的顾虑。

若这位客人是朋友介绍过来的，或者说这家茶叶店的品牌影响力足够大，这样的说法还是有很大可能成交的。为什么？因为客人只不过是随口问问，寻求一次验证而已。

【场景二：茶叶就是我最好】

客人提出疑问，就是因为有顾虑，如果一点顾虑都没有，又何苦再问？俗话说，卖瓜的谁说瓜苦？

再看看导购员的说法：“我们家的茶叶您还担心，那您就不要买茶了。今天您就放一万个心吧，亏不了您。”彻头彻尾都是“茶叶就是我最好”类的口号式回答。经常购物的读者，一定对这样的自吹自擂不陌生，也都有了免疫力。

【场景三：喝过了就知道好】

喝过了就一定知道好不好吗？

你还记得第一次喝可口可乐吗？很少有人觉得好喝，但还是继续喝。你看，可口可乐卖了100多年了，现在的销量也是众多茶企难以望其项背的。很显然，喝过了好不好喝，要不要买，要不要继续喝，这些问题都有关系，但不能完全画等号。更何况，茶叶质量不是一个简单的概念，在没有生动对比的时候，客人怎么能够凭借口感来判断茶叶质量的好坏？

【场景四：懂茶的人都说好】

这句话很多茶叶店都在说！没用！说服力太弱！

既然你面对的是不懂茶的客人，那就要站在他的角度，说一说“接地气的话”，也就是说一些普通人也听得懂的话。别拿懂不懂茶当幌子，真要深究起来，到底谁是懂茶的人？

三、破解策略

破解这一问题的关键在于“提问”，即，你要耐心地问问客人，了解客人究竟担心怎样的质量问题。诸如，担心农药残留？担心等级不够，丢面子？担心口感不好？担心香气不足？担心以次充好？

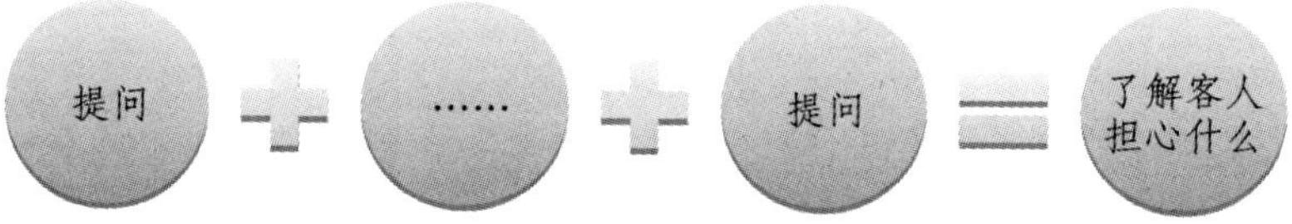

一百个人可能有两百种忧虑，我们可以列出的质量忧虑有很多很多，列不出来的可能更多。但无论怎样，只要你认真提问，引导客人说出具体的担心或疑惑，你就能顺着他关注的焦点，一步步努力寻找解决方法。

四、说话模板

【模板一：客人没尝过】

“这茶质量怎么样？”客人拿起一盒茶叶，望着导购员问。

“我喝过，挺喜欢，但我的口感不能代替您的口感，要不我泡给您尝一尝，也许您也喜欢。”导购员笑着说。

“小妹，可以尝尝，但我尝了也没用，我不懂茶，平时也很少喝茶，这次想买盒茶叶送给老领导，质量一定要好。”客人说。

“老领导平时喜欢喝什么茶呢？”导购员问。

“他喜欢喝正宗的武夷岩茶。”客人说。

“哦，您担心买到的茶不正宗？”导购员笑着问。

“对，对，如果是假货，送老领导就丢人了。”客人急忙说。

“是啊，一定要小心。我们店的武夷岩茶‘竹缘堂’，是‘大红袍之父’陈德华先生监制的，这茶送老领导一定很有面子。如果您对大红袍不了解，可以上网搜一搜相关的信息。”导购员笑着说。

“不用搜了，听说过陈德华先生。”客人说。

“太巧了，那就选这一盒，您看可以吗？”导购员笑着问。

“好的，买两盒。”

……

【模板二：客人尝过了】

“这茶质量怎么样？”客人拿起一盒茶叶，望着导购员问。

“这茶就是我们刚刚喝过的，感觉挺好的，不知您喜不喜欢？买茶还是要自己喜欢，我不能替您做主。”导购员笑着说。

“哦，是的，买茶还是要自己喜欢。可是我喜欢倒是喜欢，就是担心农药残留超标，经常看见这些新闻。”客人说。

“是的，事关身体健康，谁不担心啊，我也很担心，所以我特意去咱们家基地了解过，我们都是生物治虫，从来不乱打农药的。我们家的茶叶还出口欧盟，他们的标准更高，更重要的是，我们出口和内销的是一样的标准。”

“出口和内销是一样的标准？”客人问。

“是的，外国人是人，中国人也是人，老板经常这样说，一定要为中国人做一杯放心的茶。”

“难得，难得，赞同你老板的理念！那就买一盒吧！”客人笑着说。

“好的，谢谢您的信任。”导购员笑着说。

……

五、举一反三

知道客人具体担心什么，才能消除客人的担心，这是解决问题的重要原则。不仅是被问起茶叶质量时，你需要灵活应变，努力了解其担心的具体原因，对于其他问题，也要触类旁通。例如，当客人问你茶叶包装结不结实的时候，可能是担心快递过程中包装会变形。

要确定你的猜测是否正确，你就要通过提问和沟通，一步步核实，然后根据他的要求，给出符合其需求的解决方法，同时也要考虑为客人减少不必要的支出。如果客人的确要买来快递给远方的朋友，那就要选择“耐摔”的包装，同时，你还要告诉他打包过程中的注意事项，减少运输过程中的损害。

你多一点付出，客人就会多一点满意，时间久了，客情关系、店铺

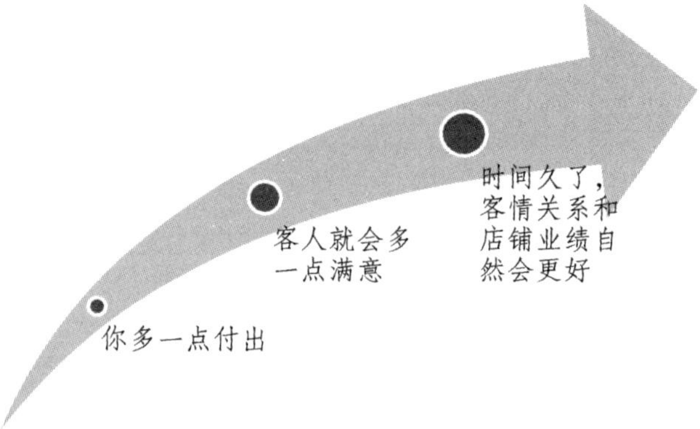

业绩自然会更好。

六、心灵茶汤：新长征路上的茶

世界上有很多条路，要成功都要走一条长征路。今天的茶产业，则需要一首《新长征路上的茶》，就像《新长征路上的摇滚》一样唱红大江南北。

长征的路无比艰险，茶叶的新长征之路同样非常难走。

茶叶，本来是非常健康的，灵芽瑞草，但是“走在路上的茶”太多了，很多茶也就没了路。甚至，很多好茶也没了路。

没了路，就要奔着一个目标去开路，让茶叶出名、好卖，保障相关环节都能获得收益。这是一方面。另一方面，还应该加上非常重要的一点，喝茶的人真正获得了健康，才是最根本的成功。

情景 11　顾客不相信我的话，我怎么说？

阅读前，我的处理方式

我这样说：____

____

主要原因：____

____

____

不是这里有人上当，就是那里有人受骗，茶叶市场上的负面信息时有耳闻，顾客也不轻易相信一个人、一家店或一个品牌。

这是正常的，要顺利卖茶，重建信任，你就要坦然接受这个现实，然后再去想办法一步步改变。

一、场景写真

“这真的是安吉白茶吗？”客人问。

“真的是安吉白茶，否则，为什么要卖这个价？您可以怀疑别人家，不能怀疑我们家，因为我们家在安吉有基地，就在安吉县递铺镇。”导购员说。

“真的？我又没去过，你说的话，我怎么相信呢？”客人说。

“别人都相信我，怎么您不相信呢？我真的没骗您，公司真有基地在安吉。”导购员说。

“很难说，刚刚那家也说自己在安吉有基地，我怎么知道到底谁的话是真的？”客人说。

“您就相信我吧，我们家最值得信任的，您买回去肯定不会后悔的。”导购员说。

“我再想一下。小妹，谢谢你。”客人说完就走了。

……

二、问题诊断

这样的说话方式，倘若你是顾客，你会相信吗？难！这位导购员的说话有三个漏洞。

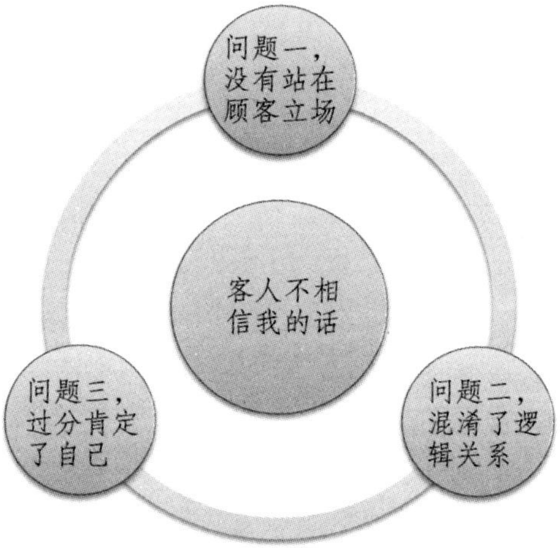

问题一，没有站在顾客立场。

从前到后，导购员都站在顾客的对立面，情绪也都是对抗的。最自以为是的一句话是："您可以怀疑别人家，不能怀疑我们家，因为我们家在安吉有基地，就在安吉县递铺镇。"

问题二，混淆了逻辑关系。

正宗的安吉白茶价格会高一点，但价格高并不能代表其安吉白茶是正宗的。

问题三，过分肯定了自己。

"别人都相信我，怎么您不相信呢？"

"我们家最值得信任的，您买回去肯定不会后悔的。"

说出这些话，显然是被自负冲昏了头脑。你要知道，客人不相信你才反反复复地问，你一味地重复自己可信，根本就无济于事！

三、破解策略

破解这一问题的关键在于，你要与顾客站在同一立场上，先肯定顾客的问题，舒缓顾客的情绪，赢得顾客情感上的认同，然后再针对安吉白茶是否正宗这一问题，给出实实在在的证据，一步步赢得顾客的信任。

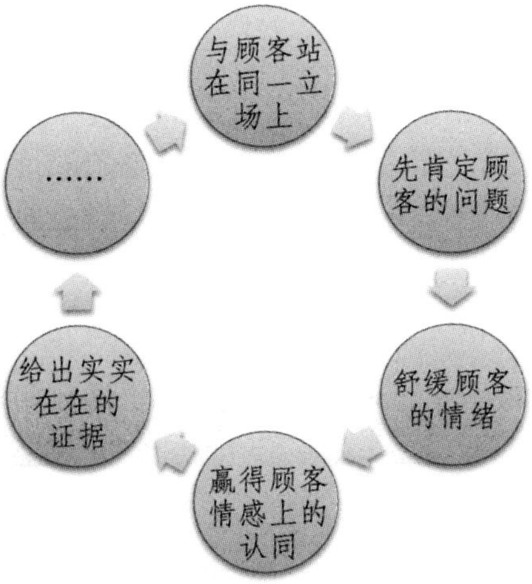

四、说话模板

本节“说话模板”，以开篇的对话为基础展开，只调整部分词句，效果可能就不一样了。

……

“这真的是安吉白茶吗？”客人问。

“对不起，我刚刚没讲清楚，这个问题很重要，必须弄明白，否则买到假冒的安吉白茶就麻烦了。我们家在安吉有基地，就在安吉县递铺镇。”导购员说。

“真的？我又没去过，你说的话，我怎么相信呢？”客人说。

“是的，现在很多人都说自己的公司有基地，但是很难分辨，您质疑是有道理的。您看，这张图片就是公司基地的实景图，我手机微信里还有去公司基地学习的图片，方便的话，您可以加我微信看一看，不方便的话，您可以直接在我手机上看。”导购员说。

“是的，你先给我看看。刚刚那家也说自己在安吉有基地，要知道谁的话是真的，很难。”客人感叹道。

“那家茶叶也挺好的，生意也不错，他们家的基地我没去过，也就不好评论了，您可以多了解一下。”导购员说。

“是的，我去逛的时候，就有人在买茶。”客人笑着说。

“他们家挺好的，就像我们家一样，回头客都挺多的。要不您去他们家看看，不着急做决定。”导购员笑着建议说。

“不用比较了，小妹，相信你。”客人笑着说。

……

五、举一反三

买茶，是一种美好的体验。但是茶叶市场上的假货太多，让这种美好的体验变得非常糟糕！

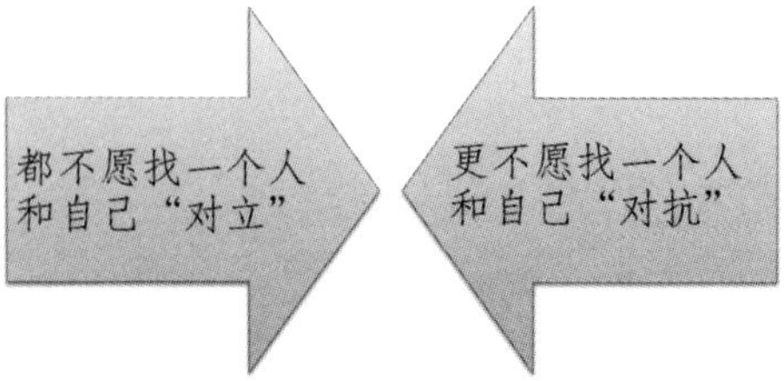

谁都不愿意找一个人和自己对立，更不愿找一个人和自己对抗！所以，当别人不相信你的时候，不论言语多么激烈，你都不要被激怒，而是要快速消化掉这种“不被信任的糟糕体验”，转而去体谅他的“糟糕体验”，跟他站在一个立场上，与他一同来寻找解决方法，自然就能够重建信任。

六、心灵茶汤：抓住有限的时间

一个整天匆匆忙忙的顾客，为什么要给你时间，听你介绍茶叶的好处？又为什么要给你时间，听你介绍“你家的茶叶好”？

消费者面临的选择很多，需要花钱的场合同样很多。但是，他永远不会增多的只有一种资源：时间。

你怎样赢得他的时间，哪怕是从一秒钟开始？然后，你再想方设法，从一秒钟变为一分钟，再变为一个小时，直到他成为你的一次顾客、二次顾客，乃至后来的忠实顾客！

这个过程中，不是你站在自己的角度，说自己的茶叶好，生态有机、清香可口、有益健康等等就能解决的。你需要成功地传递价值，但是，这需要沟通、需要时间、需要累积。

例如，当消费者来到你的茶叶店时，你要足够专业，能够在几秒之内或几十秒之内回答他的问题。若是消费者有其他问题，你同样可以非常高效地回答。这就是帮助消费者省时间，同时又在帮他解决购物的烦恼。若是你不能有效解决他的问题，他自然会离开。

销售的过程，你不仅在传递价值，也在创造价值。

大家的时间都有限，谁都不愿意浪费时间。所以，茶叶销售要先从赢得消费者的兴趣和时间开始，然后通过有效的沟通，传递茶叶的价值以及你的茶叶品牌的价值。

价值传递成功了，消费者理解你说的话了，认可你的茶叶了，他才可能买你的茶叶。

显然，茶叶店等终端销售的关键之一在于，你必须有源源不断的顾客进入茶叶店，从而赢得消费者的时间。然后，你要在有限的时间里，正确理解消费者的问题，看到消费者的需求，同时生动地表达品牌和产品优势，这样就能持续不断地把茶叶卖出去。

情景 12　顾客说品牌没听过，我怎么说?

阅读前，我的处理方式

我这样说：______________________________

____

主要原因：______________________________

____

____

顾客居然说没听过我们家的品牌，这怎么办?

是不是一定没有成交机会了呢?

一、场景写真

【场景一】

“我们的品牌有二十年历史了，我们做茶很专业啊!”导购员说。

“T 型茗茶? 好像没听说过。”客人说。

“不可能吧，T 型茗茶很有名啊，您怎么会没听说过呢?”导购员说。

“是的，我真没听说过。”客人说。

“那说明您对茶了解得太少了。”导购员说。

客人听到后，面露不悦……

【场景二】

“你的茶喝起来挺好，价格也还好，就是品牌我没听说过。”客人说。

“品牌都是吹出来的，听没听过都一样，我觉得还是我们这样的实在，不去吹，就踏踏实实做茶。”导购员说。

“有道理，可是我心里还是有点不舒服，要是名气大点就好了。”客人重复说。

“要那个名气干啥，茶好就好，反正都是喝到肚子里。”导购员说。

“对不起，我还是再考虑考虑。”客人无奈地说。

二、问题诊断

品牌有大有小，并且这个大小不是商家决定的。

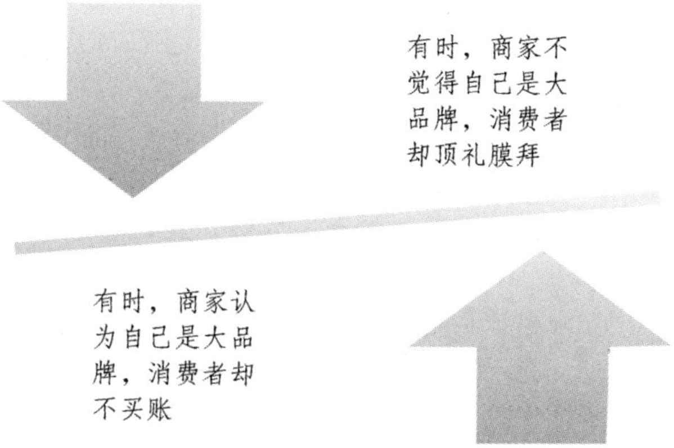

有时，商家认为自己是大品牌，消费者却不买账；有时，商家不觉得自己是大品牌，消费者却顶礼膜拜。既然有这样的“误差”，顾客怎么理解你的品牌，也就不足为奇了，尤其是场景一，顾客说你的品牌没听过时，不管你的品牌有多牛气，你都要保持冷静，不可责怪客人，更不能“逼人太甚”。

对于小品牌或者说新创品牌来说，就像在场景二中，不仅要看到自己的优势，还要看到大品牌的优势，才能在与客人的交流过程中，保持冷静，找到解决方法。

三、破解策略

破解这一问题的关键在于调整自己的立场，与客人保持“同一”立场，针对他的问题展开对话，明察并判断他的需求，然后为他“供血”，也就是一步步满足他的需求。

四、说话模板

【模板一】

“我们的品牌有二十年历史了，我们做茶很专业啊!”导购员说。

“T型茗茶？好像没听说过。”客人说。

“不好意思，这说明我们的努力还不够，没能让您知道T型茗茶。”导购员说。

“没关系，我看到你们墙上的宣传画了，好像名气很大的，是我孤陋寡闻。”客人说。

“您太谦虚了，多多给我们指教。”导购员说。

“哈哈，不谈这个了，你给我介绍几款适合送礼的太平猴魁吧，急着要用!”

……

【模板二】

“你的茶喝起来挺好，价格也还好，就是品牌我没听说过。”客人说。

“对不起，我们公司规模不大，把精力都放在做好产品上了，只顾着埋头做茶，没去做宣传，经您这一提醒，看来以后得注意宣传了。”导购员赔礼说。

“没关系，我只是随口说说，当然，要是名气大一点就好了，不过名气大了，价格的水分也就多了。”客人笑着说。

“也不一定，呵呵，也许名气大的茶叶更能降低成本，送礼也更有面子，但不好说，关键还是要产品好，价格实在，喝起来要舒服。”导购员说。

“是的，你说的话就很实在，就像你们的价格一样，哈哈。”客人笑着说。

“哈哈，谢谢您的夸奖，您真幽默。”导购员说。

“不用客气，小妹，开单吧，五盒。”客人爽朗地说。

……

上述两个场景，只要正常回答问题，不出现大的偏差，成交基本是水到渠成。

五、心灵茶汤：全面拥抱“大茶业时代”

大茶业时代有五大特征：

第一，市场容量大。无论眼前的市场怎样低迷，茶叶怎样难卖，茶叶市场的容量依然会扩大。这个，我们只要看一看中国人的平均饮茶量就可以知道还有很大的提升空间。

第二，品牌数量大。无论是茶叶公共品牌，还是茶企品牌，虽然一批批茶叶品牌在倒下，但茶叶品牌的数量依然会持续增长，并且会不断地分化，诸如茶企品牌、茶馆品牌、茶艺服务品牌等等。

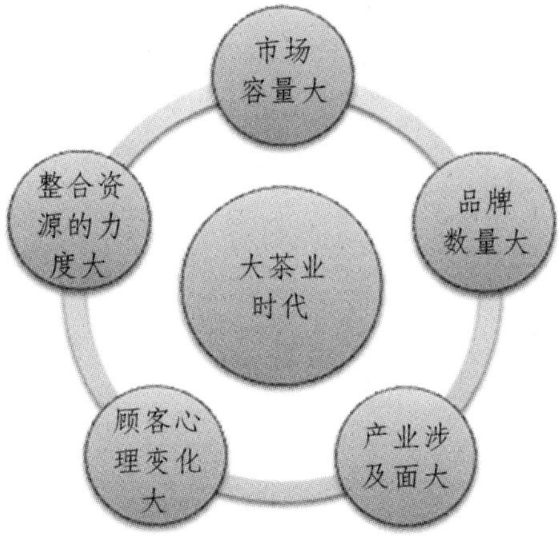

第三，产业涉及面大。既有柴米油盐酱醋茶层面的“物质茶”，也有琴棋书画诗酒花层面的“精神茶”，再加上与茶相关的茶具、软装等等，都可以纳入“大茶业”的范畴。在“大茶业”中，茶是纽带，是吸铁石，是聚宝盆，可以将很多宝贵的元素纳入进来，构造一个庞大的产业链。

第四，顾客心理变化大。移动互联网催生社会进入“村落时代”，品牌、营销和销售都将回归以“顾客为中心”，都将真正重视顾客的五重价值。在“村落时代”，有些品牌营销规则必须改变，甚至要颠覆，必须踏踏实实地做有利于顾客的事情。

第五，整合资源的力度大。不仅茶园、茶农、茶技术专家、茶艺师、茶文化学者、品牌营销专家、茶文学等需要整合，旅游资源、文化资源、历史资源、金融资源、渠道资源等等，也都需要站在更高的角度去整合，尤其是茶区政府和茶企，要敞开胸怀，抱着更加开放的心态，整合一些被忽视的免费资源，快速提升综合竞争力。

大茶业时代，我们需要怎样的改变?

第一，将顾客放在第一位。茶商、茶叶主管部门等应认真思考茶叶如何安全、持续不断进入消费者肚子里。

第二，跳出茶叶做茶叶。茶叶和文学，茶叶和旅游，茶叶和陶瓷，茶叶和花道香道，茶叶和家具等等，都可以“混搭”，且有不少成功的案例。

第三，跳出区域做茶叶。

第四，谨防李鬼让自己倾家荡产。大茶业时代，也是茶业的大转型时期，很多规则在变，但人性不变，任何违背人性的做法都要提防。

第五，趁早搭建属于自己的平台。企业不论大小，店铺不论大小，都要有平台意识，都要搭建属于自己的平台，以充分发挥员工的主观能动性，让大家在平台上愿意释放自己的潜能，维持并提高茶叶销售业绩。

情景 13　顾客说品牌太小，我怎么说？

阅读前，我的处理方式

我这样说：______________________________

____

主要原因：______________________________

____

____

中国绝大多数的茶叶品牌都是小品牌，与立顿不可同日而语。这么多小品牌，如何回应顾客说自己品牌“太小”呢？

一、场景写真

“以前路过你们店，没进来，你们的品牌太小，我都是到大品牌的茶叶店买茶，这次是急用。”客人说。

“太可惜了，大品牌的质量不一定比我们好，我们30多年来一心一意地做茶，不像一些大品牌，什么赚钱做什么，不一定在用心做茶。”导购员说。

“还是大品牌让人放心些……”客人说。

“有什么不放心的，我们的品牌，您尽管放心喝，只要喝过我们家的茶，都说我们的好。”导购员自信地说。

……

交流至此，即使客人因为“急用”而不得不留下了，心里也会很不舒服。

二、问题诊断

抱怨的才是买家，这是俗话。

虽不完全正确，但可以说明两个问题：第一，顾客抱怨是非常正常的，他注意到你才会抱怨你，否则他就抱怨别人了。第二，抱怨的背后

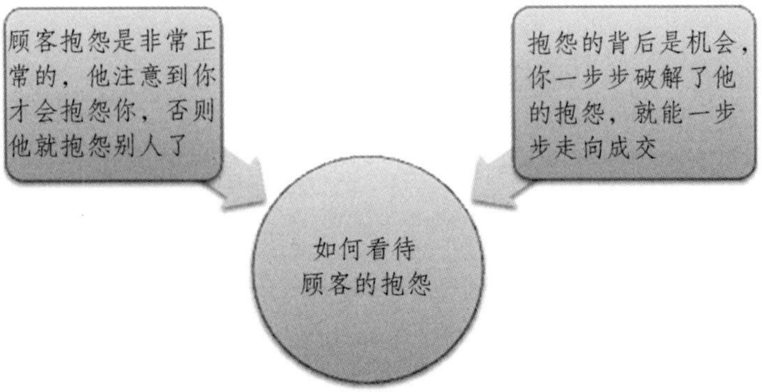

是机会，你一步步破解了他的抱怨，就能一步步走向成交。

拿场景中的客人来说，他既然进店了，并且明摆着说“急用”，你就要谦虚地说，而不是要和客人“怄气”，说什么“大品牌的质量不一定比我们好”，这样显得盲目自大，小家子气，更是把客人往门外“赶”！

顾客心里越开心，就越容易成交。

三、破解策略

破解这一问题的关键是一针见血，即与客人站在同一立场，针对他对小品牌的认识，用心体会他的所思所想，充分体谅他的情绪，洞见他对“放心品牌”的需求，并针对他这一需求“输血”，用心去满足他的需求，让他认识到小品牌茶企也可以是令人放心的品牌。

四、说话模板

“以前路过你们店，没进来，你们的品牌太小，我都是到大品牌的茶叶店买茶，这次是急用。”客人说。

“太好了，谢谢您今天给我服务的机会。以前没机会，太可惜了，我们做了30多年的茶叶了。”导购员笑着说。

“真不容易。”客人笑了笑，吃惊地说。

“是啊，老板专门做茶，一心一意地做，甚至吃饭睡觉都想着怎样把茶做好，也就没考虑怎么做大品牌，怎么去扩张，他担心规模大了质量把控不了，所以品牌价值一直不大。”

“这么专注啊！其实，大小没太大的关系，专注比规模大小更重要。”客人感叹道。

“是的，就像现在说的工匠精神，老板就是一位老茶匠。所以，我们的茶叶，您尽管放心喝，送朋友也很好，因为喝过我们家茶的朋友，都说我们好。当然，我说了不算，您经常买茶，一定很懂茶，要不您先品尝一下再说。”导购员自信地说。

“好啊，我先尝尝，不一定能提什么建议。”客人开心地说。

……

同样，后面的沟通保持类似的心态和节奏，不出大问题，成交基本上是必然的。

五、举一反三

顾客的抱怨里有黄金。

从抱怨“品牌小”“装修差”，到抱怨“包装土”，凡此种种的顾客抱怨，基本都有些“又爱又恨”的感觉，有点儿“怒其不争”的味道。

真正的悲剧不是顾客抱怨，而是顾客扭头就走，不再回来。

情景 14　顾客说自己被忽悠过，我怎么说？

阅读前，我的处理方式

我这样说：________________________________

____

主要原因：________________________________

____

____

一朝被蛇咬，十年怕井绳。

被忽悠过的顾客，很难再相信商家，但并不等于永远不再走进商店，关键是你怎么说。

一、场景写真

……

“其实，我现在不买的原因，不是你的茶不好喝，是因为我被忽悠过，所以不放心。”客人诚恳地说。

“您真被茶叶店忽悠过？”导购员不解地问。

“当然是真的了，不止一次被坑过，最惨的那次是在外旅游，现场冲泡时感觉非常好，回家后一泡发觉上当了。”客人边说边感叹。

“我们这里不可能忽悠您，有机茶就是有机茶，您一百个放心吧。”导购员说。

“其他茶叶店也是这么说的，但还是出了问题。这次是送给老师，万一有问题，就麻烦了。”客人说。

“放心吧，我们这里不可能忽悠您，我们是实体店，又不是网店，是靠着诚信做生意的，不会骗您的。”导购员说。

“我还是要考虑一下。”客人犹豫地说。

……

这类问题同样很常见！

我们在各地茶叶店调研的时候，提到类似问题，很多导购员都是这样“保证的”。但是，作为顾客，你觉得舒服吗？

二、问题诊断

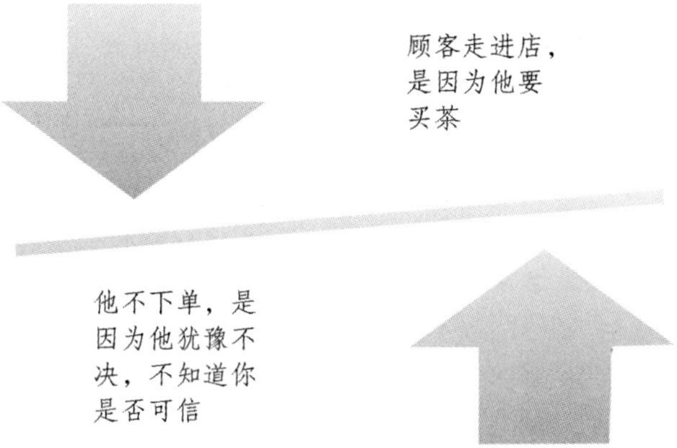

顾客走进店，是因为他要买茶；他不下单，是因为他犹豫不决，不知道你是否可信。

为何犹豫不决，因为他之前上当受骗过。我们都能体会这样的心情。

这种情况下，你说“我们这里不可能忽悠您”，让他“一百个放心”，没用，根本没用！你仍旧站在你的立场上，强调自己，没有去理解他的情绪、想法和担心，自然也就没有了共鸣。

没有共鸣的沟通，你不舒服，客人更不舒服，后面还能说什么呢？保持这样的立场，维持这样的心态，说什么你都不能进入客人的内心世界，也就别想着顺利成交了。

三、破解策略

破解这一问题的关键是倾听他的诉说，理解他的情绪，具体包括被骗之后的自责、愤怒，以及对无良商家的谴责，然后讲清楚你的情况，让他明白为什么你不会欺骗他。

四、说话模板

……

“其实，我现在不买的原因，不是你的茶不好喝，是因为我被忽悠过，所以不放心。”客人诚恳地说。

“是啊，我理解，换作我，也很难下决定。茶叶市场的确太乱了，有些商家说一套做一套，真假难辨啊，太可恶！”导购员略显愤怒地说。

“真的是太可恶，我可是不止一次被坑过，最惨的那次是在外旅游，现场冲泡时感觉非常好，回家后一泡发觉上当了。”客人边说边感叹。

“太可惜了，所以我们合作社对质量的要求很严，一旦发现谁弄虚作假，一定按照事前的合同约定严惩。”导购员说。

“茶叶店都说得很好……”客人无奈地说。

“我们店有出错赔偿机制，有监督电话，您可通过微信了解。”导购员接着说。

“哈哈，就买你推荐的那款浮丘茗韵黑茶吧。”

……

五、举一反三

当客人说出自己的遭遇时，你需要感同身受地回应，正如“说话模板”中的，“是啊，我理解，换作我，也很难下决定”，这样就能让客人感觉到你们两个人是“相同立场”的，而不是一味劝说他，“我们这里不可能忽悠您，有机茶就是有机茶，您一百个放心吧”。

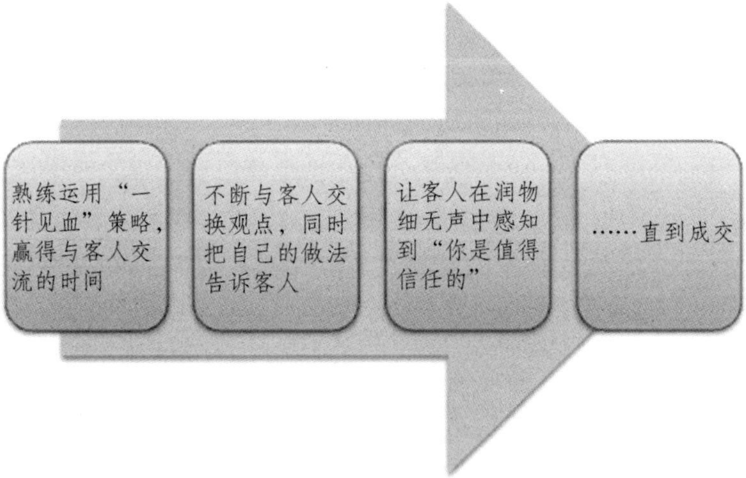

情景 15　顾客说“便宜没好货”，我怎么说?

阅读前，我的处理方式

我这样说：________________________________

____

主要原因：________________________________

____

____

你的茶叶价格高，他说商人都黑心，太暴利；你的茶叶价格低，他又说便宜没好货，好货不便宜。

俗语的力量很强很矛盾，应该如何应对呢?

一、场景写真

“你们家的茶叶价格好像都不太高，质量能保证吗?”客人看了看价格，十分疑惑地问。

“当然能保证了，质量肯定比那些高价的茶叶更好，您喝了就知道。”导购员自信地说。

“为什么你们要便宜些呢?”客人问。

“我们是产地直销，老板很老实，不像有些店，老板太黑心了，胡乱要价。”导购员说。

“好多店都说是产地直销，但俗话说便宜没好货，都有成本管着呢，太便宜了，哪有好茶?”客人说。

“别人家可能是便宜没好货，我们家真的是产地直销，没有中间商赚差价，当然价格要低一些了。”导购员说。

“很难说，谁不说自己家的茶好。”客人说。

“反正我们家肯定是真的，您尽管放心买。”导购员说。

“我多逛几家再说，谢谢你。”客人说罢就走了。

……

二、问题诊断

客人说你的价格不太高，是表明他对你的茶有兴趣，不然他什么都不会说。但是，他又担心“便宜没好货”。从他的说话中可以推出，他之前关注的茶叶，价格是偏高的，所以他对价格低的茶叶有顾虑。而导购员的问题在于一味地贬低别人、抹黑别人，不厌其烦地肯定自己！说得多了，客人起初对茶叶的兴趣也就没了。例如，“质量肯定比那些高价的茶叶更好”，“我们是产地直销，老板很老实，不像有些店，老板太黑心了，胡乱要价”。这些是一厢情愿的想法，导购员从来就没站在客人的立场上去体会客人的情绪和想法，所以，尽管说出了不少有道理的话，但客人还是要去别人家看看。

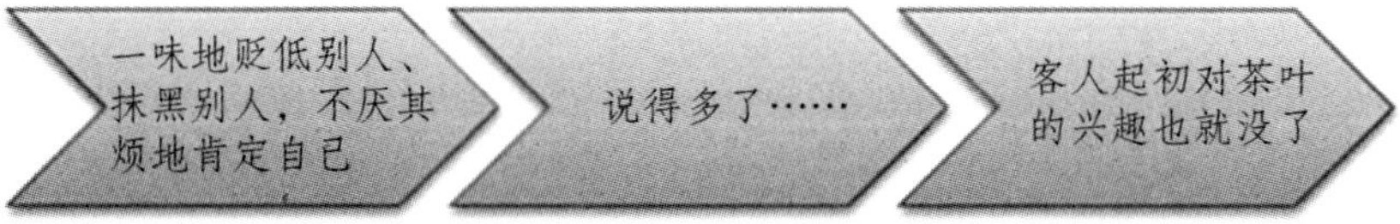

三、破解策略

破解这一问题的关键在于，与客人站在同一立场上，针对他“便宜没好货”的疑虑提出你的见解，倾听他的想法，弄明白他具体担心的内容，随后，就能洞见其需求，为其“供血”，也就是满足其需求，让他一步步转变看问题的角度，相信“便宜也有好货”。

四、说话模板

“你们家的安溪铁观音，价格好像都不高，质量能保证吗？”客人看了看价格，十分疑惑地问。

“您对质量的担心是有道理的，茶叶从种植、采摘、加工制作到销售，有很多环节，每一个环节都会产生成本，价格低了的确让人不大放心。”导购员笑着说。

“是啊，那么多环节，低了就很难说了，何况俗话说便宜没好货，入口的东西不能买错了。”客人应道。

“对，身体很重要。我们老板很老实，有自己的茶叶基地，每一个环节都很重视，他说宁可自己累一点，也不能让客人喝茶的时候心里累。”导购员说。

“是的，买茶的时候，我们心里很累，价格高了担心不值得，价格低了担心没好货，所以就心里很累。”客人说。

“是的，价格高可能是因为环节多，也可能是老板追求的利润高一点，我们家在安溪有自己的基地，没有中间商赚差价，虽然价格低，利润也是能保证的。有些来源不明的茶叶，价格很低，但我们从来不收。”导购员说。

“是啊，我就担心一些人说有基地，又去乱收茶叶，不管是哪儿产的，结果是价格下来了，正不正宗就难说了，万一送出去丢人怎么办？”客人说。

“是的，买茶就要买放心，送出去丢人就得不偿失了。如果您放心的话，可以先买应急，不要买多，若是还有不放心的，您尽管说，都可以问。”导购员说。

“不用问了，买两盒。”客人笑着说。

……

五、举一反三

场景中的客人说“便宜没好货”，他的“好”指的是“产地正宗”。他具体担心的是，如果买到的安溪铁观音不正宗，送礼就很丢人。

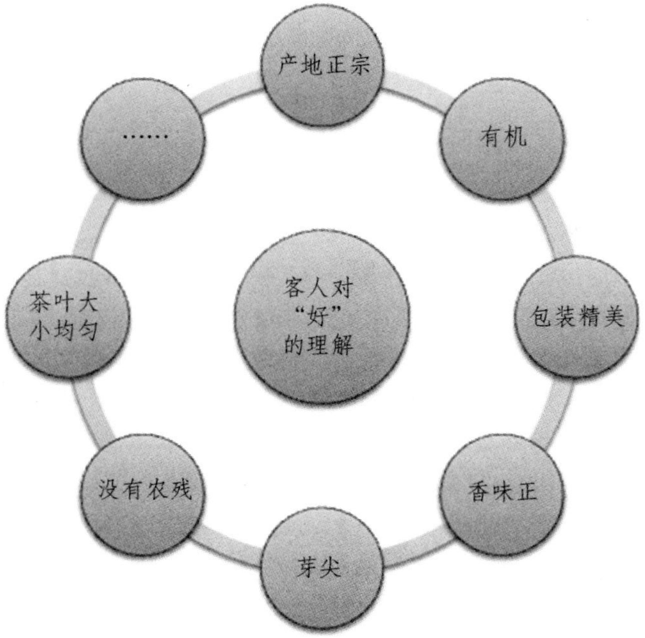

实际销售过程中，“好”的含义很多，每个人都有自己的理解。

诸如，有机、包装精美、没有农残、茶叶大小均匀、芽尖、香味正、不短斤缺两等等，都可以是对“好”的理解。你要通过提问和沟通找出他对“好”的认知，才能准确化解他的疑惑，一步步导向成交。

情景 16　恰逢促销刚刚结束，我怎么说？

阅读前，我的处理方式

我这样说：____

____

主要原因：____

____

____

人人都有占便宜的心理，客人眼睁睁地看着促销结束，需要多花钱，该怎么办呢？

一、场景写真

……

“昨天还是八八折，今天就恢复原价了，我很想买，但感觉太不划算了。”客人失望地说。

“也没差多少，您看中的那盒是 300 元，算起来也就差 36 元。现在的钱都不值钱了，36 元也只够一个人去外面吃顿快餐的，您就买了吧。”导购员说。

“钱不值钱，但 36 元也是钱啊，要是昨天路过的时候买就好了，怎么就这么巧呢。”客人应道，显然对导购员的回答不是很满意。

“既然需要，您为什么昨天不买呢？别计较这 36 元了，您看是现金还是刷卡，微信支付也可以。”导购员劝说道。

“我还是要考虑一下，再去逛一逛。”

……

后面还有没有成交机会呢？除非别人家的茶都没有合适的，也没有可以替换的产品了，否则，这种说话方式的成交机会几乎为零。

二、问题诊断

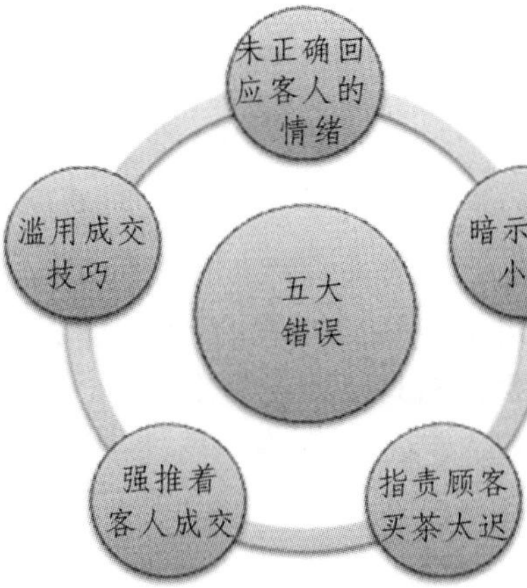

上述场景中，导购员主要犯了五个错误：

错误一，未正确回应客人的情绪。例如，“也没差多少，您看中的那盒是300元，算起来也就差36元。”

错误二，暗示客人小气。例如，“现在的钱都不值钱了，36元也只够一个人去外面吃顿快餐的，您就买了吧。”这句话通读下来，基本上就是说：“不就是一顿快餐的钱吗，您别那么小气了！”

错误三，指责顾客买茶太迟。例如，“您为什么昨天不买呢？”这句话基本就是说：“做事没安排，活该您要多花36元。”

错误四，强推着客人成交。例如，“既然需要，那就买了吧，别计较这36元了”，导购员的说法显得过于强势，似乎要强推着客人成交，这显然令人不悦，结果肯定事与愿违。

错误五，滥用成交技巧。例如，“您看是现金还是刷卡，微信支付也可以。”成交技巧里有假设成交法，但假设是有前提的。客人明摆着有强烈的不满，哪能成交呢？

三、破解策略

破解这一问题的关键在于站在客人的立场上，针对客人因“额外损失36元”而产生的不满情绪，洞见他“减少损失”或“弥补损失”的心理需求，为其“输血”，即满足他的需求。

但请注意，促销既然结束了，一定不要再度恢复促销，否则客人就不再相信你的促销活动了。

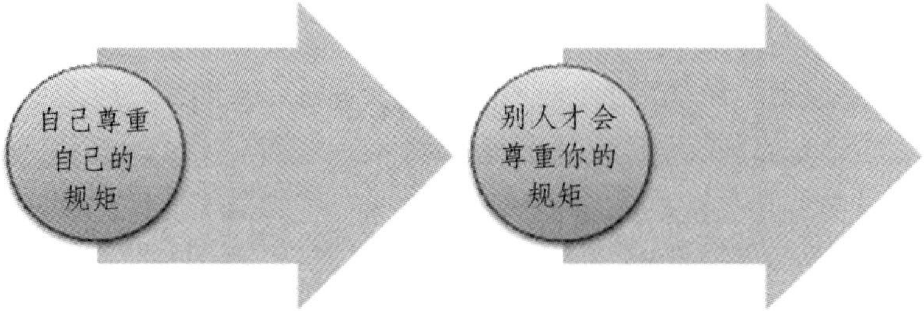

自己尊重自己的规矩，别人才能尊重你的规矩！当然，如果不违背原则，一定程度上的“灵活”还是要有的，尤其是一些个体的茶叶店，具体怎么灵活处理，则要依据具体情况而定。

四、说话模板

……

“昨天还是八八折，今天就恢复原价了，我很想买，但感觉太不划算了。”客人失望地说。

“是啊，我也替您可惜，确实是昨天促销的时候买更划算，您昨天为什么不买呢？”导购员说。

“昨天没想到送礼要送茶啊。”客人说。

“是啊，经常会有急需要送礼的时候，临时买总是会少一些选择，或者说多花一些钱。”导购员说。

“是啊，今天要送客人，非买不可，真不巧。”客人说。

“但也没办法，需要的时候，哪怕是多付点钱，也还是要买的，您说呢？毕竟解决问题才是最重要的，钱可以再挣，礼节少了就不好弥补了。”导购员说。

“是的，赶在这个节骨眼上了，多花点也没办法。”客人说。

“其实，真正浪费的不是赶不上促销，而是趁着促销买了一堆无用的产品，放在那里睡大觉，还不如把钱放在余额宝挣点儿利息呢！”导购员笑着说。

“是的，你说得有道理。其实啊，这盒茶也就是300元，也没差多少。”客人说。

“是的，您说得对，算起来也就差36元，再说现在的钱都不值钱了，36元也只够一个人去外面吃顿快餐的。”导购员打趣说。

“是的，若是在飞机场或高铁站，吃顿快餐都不够。哈哈，你帮我刷卡吧。”客人爽快地说。

……

“话是开心果”，说对话了，客人就开心了，随即就能跳出“36 元”的纠结，明白事情的轻重缓急，成交自然就水到渠成了。

五、举一反三

任何人都厌恶“损失感”，所以，在销售过程中，一旦发现消费者需要承担“额外损失”的时候，即使不是因为促销而产生的，你也要抓住这个心理，尽可能减少客户的“损失感”，直到消费者感觉满意。

若能完全消除，那是更好，例如，针对“额外支付邮费”造成的“损失感”，在成本可以消化的情况下，更多卖家都会选择“包邮”，以彻底消除消费者的“损失感”。

六、心灵茶汤：从开好一家茶店开始

赚钱的商业模式都是“磨”出来的。

商业模式，不仅需要战略上的大创意或大创新，更需要在落地过程中的一系列小创意或小创新。一个创意就打遍天下的时代早已过去，甚至说，这样的时代从未真正出现过，只是在某些人的想象中出现过。任何商业模式的成功，也许可以归总出很多理由，但都离不开实实在在的销售，只不过销售的表现形式或策略技巧不一样而已。

在当前，店铺仍然是中国茶叶行业基本的销售单元。说一千道一万，对于大部分茶商而言，最好的商业模式必须从开好一家店开始。这个店包括实体店，也包括各类网店，从传统电商到移动电商，都是如此。

皮之不存，毛将焉附？没有一家接着一家的成功店铺，所有的商业模式都是靠不住的。

那么，如何衡量店铺经营的成败得失呢？

在发展初期，老板必须亲临第一线，带领团队，事无巨细，对流程有一个彻底清楚的认知和掌握。

一家店成功了，你再打理另一家。

情景 17　进店的顾客来不及应对，我怎么说？

阅读前，我的处理方式

我这样说：________________

____

主要原因：________________

____

____

闲的时候，一个客人也没有；忙的时候，客人扎堆而入，忙不过来，这时该怎么办呢？

一、场景写真

【场景一】

店里只有一位导购员，正在服务两位客人。

这时，一位女士带着一个小男孩走了进来，导购员无暇顾及，好像这两位新客人不存在似的。

过了一会，这位女士带着小男孩离开了。

【场景二】

店里只有一位导购员，正在服务两位客人。

这时，一位女士带着一个小男孩走了进来。

“对不起，你们先随便看看，我手头有客人，走不开。”导购员转过身，笑着对新进来的两位客人说。

二、问题诊断

【场景一：视而不见】

错误很明显，女士带着小孩进来，再忙也应该打个招呼，但这个最起码的礼节被导购员忽视了。

这样的场景，我们在调研中亲眼看到过，不少茶叶店都存在，但并未引起店家的重视。

【场景二：缺乏个性】

女士带着小孩进来，常规性地打招呼，不一定能引起他们的重视。应该给予个性化的关注，以给二人留下特殊的印象，进而在店里多停留几分钟，为后面的交流打基础。

三、破解策略

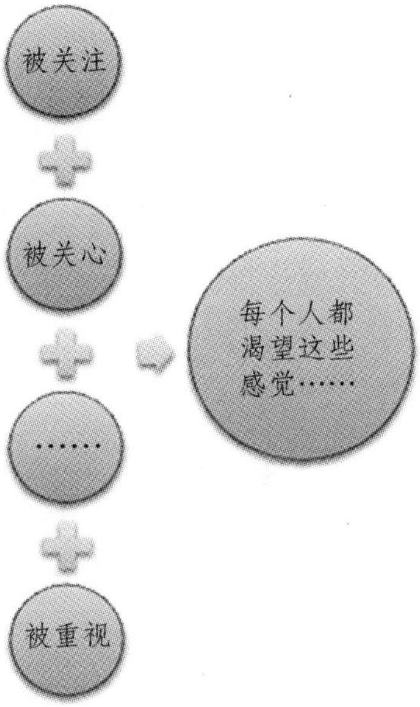

每个人都渴望被关注、被关心乃至被重视，就像一些学习差的学生故意弄一些“大动作”，其本意是希望自己引起大家的关注。

破解这一问题的关键在于，你要想方设法合理分配你的时间，去关注来不及应对的客人。

如何关注客人？重点不是花很多时间，当然，你也没那么多时间，你的重点是让他感觉到你在关注他，特别关注他。

四、说话模板

店里只有一位导购员，正在服务两位客人。

这时，一位女士带着一个小男孩走了进来。

“对不起，你们稍微等一下，我去打个招呼。”导购员对正在服务的客人说。

“没关系，你真细心。”客人笑了笑说。

“谢谢你们的理解。”导购员边道谢边起身，走到女士和小男孩身边。

“对不起，你们先随便看看。”导购员说着，弯下腰拍了拍小男孩的肩膀：“这个是公司推出的健康茶点，没有任何有害的添加剂，小帅哥，你尝一尝，喜欢的话，阿姨再给你拿。”

……

边说边做，一块小茶点就能体现出导购员对女士和小男孩的重视。而且，另外的客人也能从中感受到导购员的素质，有助于推动两批客人都走向成交。

五、举一反三

进店顾客有很多种，关键是瞬间抓住每一个顾客的“个性”，以差异化的方式关注他们，让其感受到自己“被关心”“被重视”。

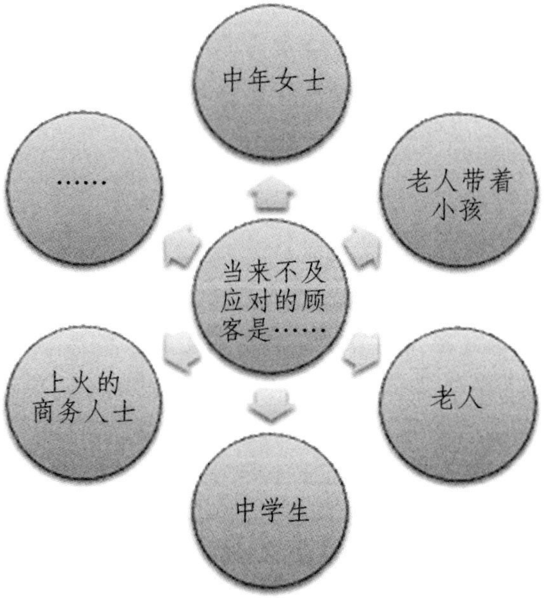

针对中年女士，你可以敬上一杯养颜花茶；针对老人带着小孩，重点同样要放在小孩身上；针对老人，你可以敬上辅助降压的黑茶；针对中学生，你可以敬上提神醒脑的绿茶；针对上火的商务人士，你可以敬上一杯菊花茶。总之，你的关注要有“个性化”。在实际销售过程中多实践，自然能灵活应对。

中　编

走进顾客

情景18 顾客“二进店”时，我怎么说？

阅读前，我的处理方式

我这样说：____

____

主要原因：____

____

____

客人经常会说，再去看看。有的人看了之后，会再回来，有的就不再回来，我们称前者为“二进店”，也就是第二次进店。这时，该怎么说呢？

一、场景写真

……

大约过了半个小时，客人又回到店里。

“你好，我又来了。”客人进门后，说话时略带着难为情。

“快坐下来喝茶，看了一圈怎么样，还是我们家最合适吧？听我的，就不用浪费那么多时间了。”导购员说。

“也不全是浪费时间，有一家的茶叶还好，也不贵，就是包装我不喜欢，鲜红的颜色，不够素净，不如你们家的那款祁门红茶包装。”客人说。

“恐怕不仅仅是包装问题吧，您到哪都找不到我们这么实惠的了，茶好喝又便宜，质量绝对能保证，包装还挺雅致。”导购员说。

“那家的茶叶也不错，我喝了，感觉挺好，就是包装问题。”客人说。

“行行行，就相信您一次，时间长了，您就明白到底谁家的茶叶好了。那款祁红，您要几盒？”导购员说。

“算了，我还是逛逛吧。”客人有点儿不高兴，说完就走了。

……

二、问题诊断

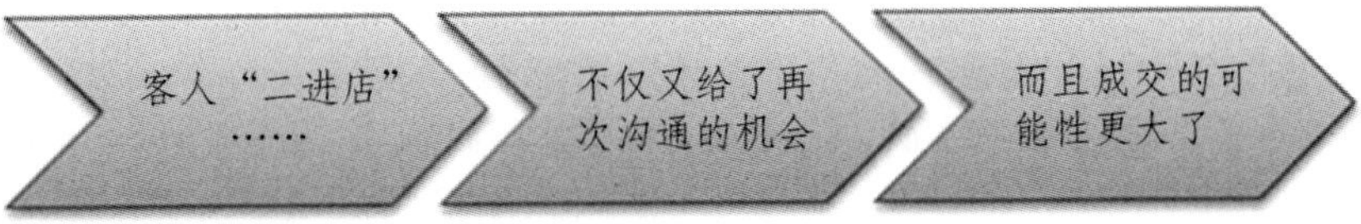

客人“二进店”时，不仅又给了再次沟通的机会，而且成交的可能性更大了。

为什么？因为客人比较之后，还是回到了“茶”上，想买一款口感、包装和价位都合适的茶，而不去计较态度问题了。

但是，导购员和第一次一样，不仅继续贬低别人，抬高自己，而且和客人争辩，强调不只是包装问题，还有别的问题。

客人坚持之后，导购员继续不给客人面子，居然说出：“行行行，就相信您一次，时间长了，您就明白到底谁家的茶叶好了。”这明摆着是不相信客人，有点儿蔑视的味道。

后果是，客人买茶的兴趣又没了。

三、破解策略

客人“二进店”，你要理解他的心理感受，要给足他面子，让他感觉很自在、很温暖。

无论如何，你千万别让他感到“不好意思”，应该是你“不好意思”才对，因为你没有帮助他快速买到心仪的茶，让他不得不出去多逛一逛。

四、说话模板

……

大约过了半个小时，客人又回到店里。

“你好，我又来了。”客人进门后，说话时略带着难为情。

“您好，快坐下来喝茶，刚刚我还在想，我的一些言语不是很好，说得太绝对了，很抱歉，每家都有自己的特色。”导购员诚心说。

“没关系，人都有说错话的时候。刚刚转了一圈，有一家的茶叶还好，也不贵，就是包装我不喜欢，鲜红的颜色，不够素净，不如你们家的那款祁门红茶包装。”客人说。

“哦，那是挺可惜的。其实，红色也挺好，挺喜庆的，但每个人喜欢的颜色不一样，您是不是喜欢素净点的？”导购员说。

“是的，我喜欢素净的，你家那款我注意到了，挺雅致的，很好。”客人笑着说。

“那款卖得也挺好，好多有品位的人都喜欢这个包装，您要几盒？”导购员说。

“四盒。”客人说。

……

五、举一反三

人非圣贤，孰能无过？

与客人交流，难免会一时糊涂，说错话或做错事，一旦醒悟，就要及时向客人道歉，让客人看到自己的诚心。

若能与客人继续沟通，就能一步步化解之前的不良印象，重新为客人服务，帮助客人选择适合他的茶叶，走向成交。

理解顾客，从他的话语体系开始。

情景 19　顾客发现上次“买贵了”，我怎么说？

阅读前，我的处理方式

我这样说：________________________________

____

主要原因：________________________________

____

____

店铺多、平台多、促销多，“买贵了”是常有的事。

客人能理解，随后的买卖就很简单，倘若遇到较真的人，该怎么化解呢？

一、场景写真

……

“啊，今天打折啊，我上次居然是原价买的。”客人惊讶地说。

“上次公司不搞促销，今天中秋节做促销，当然不一样了。”导购员回应。

“我当时让你打折，你为什么不给我打折呢？哪怕是告诉我什么时候搞促销也可以啊！”客人问。

“打不打折又不是我说了算，这都是公司的规定，我也没办法。再说，天气还有晴天和雨天呢，谁说得准呢？”导购员说。

“话不能这样说，你们公司什么时候打折，一般都应该知道。”客人说。

“大哥，我真不知道，要不您趁着今天打折再买点？”

“本来是打算买的，但想着上次‘买贵了’，心里不舒服。”客人说。

“有啥不舒服的，八八折和原价，没差几个钱，今天多买点不就差不多了吗，就像股票补仓一样的道理。”导购员说。

“我再考虑考虑。”客人说。

……

二、问题诊断

买贵了，好像“白花”了那么多钱，心里不爽，这是人之常情。

导购员对此并没有重视，也不及时化解，反而说“打不打折又不是我说了算，这都是公司的规定，我也没办法”，把责任推得一干二净。

客人提出可以提前告知他打折时间，导购员的回答居然是：“再说天气还有晴天和雨天呢，谁说得准呢？”如此噎人的回答，是不是让人感觉“很受伤”！

人都是情感动物，若是情感上受了伤，就会有情绪。一旦有情绪，就很难理智，很容易跟着情绪走。所以，导购员提出让他赶着促销多买点时，他的回答“再考虑考虑”已经客气了。

本该成交的一位客人，却朝着相反的方向走了……

三、说话模板

……

“啊，今天打折啊，我上次居然是原价买的。”客人惊讶地说。

“真可惜，要是赶上促销就能省钱了。”导购员说。

“是啊，但又不知道什么时候促销，那天也是急用。”客人说。

“一般大型节假日都有一些促销活动，优惠的幅度基本都像今天这样，八八折。”导购员说。

“我当时让你打折，你为什么不给我打折呢？”客人问。

“真的很抱歉，公司越大就越规范，打折都是公司统一的规定，个人都做不了主。”导购员说。

“没关系，理解理解，这又不是个小店。”客人笑着说。

“谢谢您的理解，要不大哥，您趁着今天打折好好挑几盒。如果今天不便，以后有优惠活动我通知您。”

“今天就是来买茶的。哈哈，买十盒，就当作是补仓。”客人笑着说。

“哈哈，您真幽默。”导购员说。

……

四、举一反三

经济发达了，收入提高了，消费者买东西“贵一点”或“便宜一点”已经不像从前那么重要了。

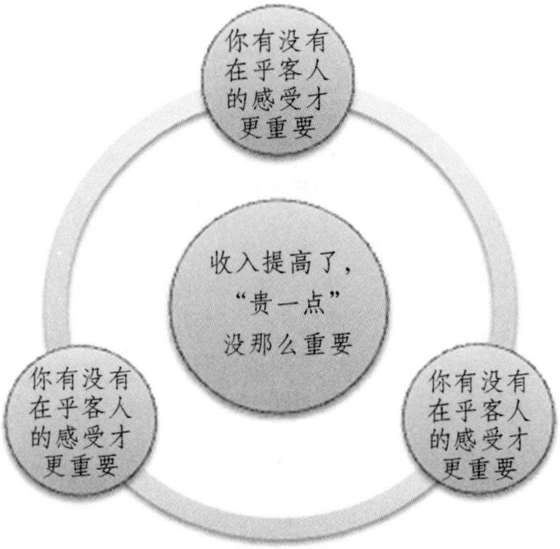

遇到客人自己感觉有额外损失的时候，你有没有在乎客人的感受才更重要！

所以，凡是客人有额外“损失感”的情况，你都要用心体会他的感受，跟着他一起“惋惜”，一起化解不良情绪。这样，沟通就能朝着成交方向发展。

五、心灵茶汤：思考了近20年的两句话

学习经济学快20年了，我一直在体会老师说过的一句话，经济学的核心就是价格问题，而这个世界的核心也是价格问题。

我记得当年的徐老师拿起他手中的矿泉水，说城市里值2.5元，沙漠里可以卖到2.5万元。接着，他又讲道，龙华殡仪馆的员工工资一定要比第一百货高，才会有人愿意去。

当时觉得很有道理，也非常有趣，但并未理解其中的深意。

我的毕业论文主题是“人性的经济性研究”，指导老师给的评语后有一句话：“你这个课题可以做一辈子了。”随着时间的推移，我越来越觉得这句评语高瞻远瞩，耐人寻味。而我当时并未意识到世界、人性和价格的关系。

时间过了近20年，电影《教父》里也有类似的思想，今天碰巧看到一些耐人寻味的现象，就迅速把这两句话结合在一起，居然就能在一瞬间阅尽世间百态背后的经济学规律：

大部分人都只在“利益”非常明显、非常靠近的时候，才愿意支付“价格”，否则就会选择性“忽略”。

而这个“价格”，远远超过金钱的范畴，一个微笑、一句问候、一秒善意的眼神、一句“您先走”等等，都是！

例如，很多人并不会打心里尊重清洁工、快递员，所以才会有相关的倡议和呼吁，才会有顺丰老板王卫为员工出头，才会有马云成功后一系列“今天看我不起，明天高攀不起”的感叹！

再如，教师节这天，很多人在朋友圈感谢老师。但是，有多少人真正在背后关心那些曾经帮助过自己的老师？排除真心实意的感谢，有多少朋友圈里的感谢只是为了刷一种“我在重视”的感觉？

我们在朋友圈感谢了那么多老师，还不如去一个个发个信息或打个电话。

但，这件事本质上也是“价格问题”！发信息、打电话只有老师本人知道，朋友圈发个信息，理论上可以一瞬间让朋友圈都知道！

但请注意，这个世界的“经济性”并非都是“短期效应”。

你的付出和收获，也不一定会那么快地“连在一起”，就像栽树，没有几十年，不可能成材。因此当儿子做事要求奖励的时候，我会择机对他说：“很多事情的奖励，要在几年乃至几十年后才会出现，不要着急！”

退一步想，过十年看，从宏观到微观的很多事情都不能要求“立即见效”，包括我们对老师的“献殷勤”，也不能太势利太功利，否则终究会尝到恶果。例如，一些孩子被学习逼得抑郁，整个国家也在为GDP至上带来的诸多问题买单。

除了物质，人还是需要精神和心灵的，我们必须要抱着修身养性的态度去学一些无用之用。例如，究竟哪些事情能够让你心安，究竟哪些事情可以让你充满喜乐，究竟哪些事情能让你找回自己，等等。

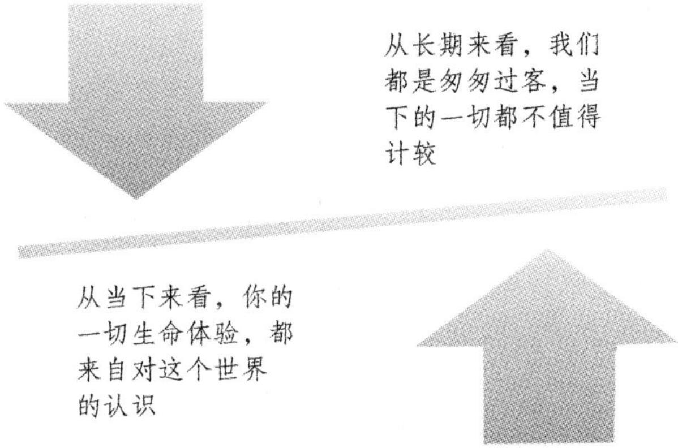

从长期来看，我们都是匆匆过客，当下的一切都不值得计较；而从当下来看，你的一切生命体验，都来自你对这个世界的认识。

有些人注定一辈子不可能知道，就像我注定不能明白一些事情，才会感叹人和人之间的差异，有时比人和猴之间的差异还要大！

情景 20　顾客对茶叶包装不满意，我怎么说？

阅读前，我的处理方式

我这样说：____

____

主要原因：____

____

____

包装好坏，除去一些特别丑陋的或特别精致的，中间的基本上是“难以定论”的，因为不同人对包装的理解不同，就像找对象一样，各有各的审美标准，看对眼就可以。

但是，当客人对茶叶本身很满意，仅仅对包装不满意的时候，我们还是要努力化解的。

一、场景写真

……

“鲜红的包装，太俗气了，送礼不合适。”客人说。

“明星还走红地毯呢，红色哪里俗气了，再说了，包装送出去，马上就折掉了，关键是茶叶要好。”导购员说。

“明星就不俗气？特别是有些明星，乱七八糟的绯闻那么多，还不够俗气吗？我喜欢素净的包装。”客人坚持说。

“这么好的包装被您这样说，我也没办法！其实，红色还是很喜庆的，素净的不够喜庆，还是红色好。”导购员说。

“我再考虑考虑。”客人说。

……

二、问题诊断

“考虑考虑”，客人都喜欢这么说，有时是托词，有时真的是要考虑。

场景中的导购员始终没有去体会客人的感受，只是一味地按照自己的偏好去说话，说来说去好像是说给自己听。

说多了，“效果”也就出来了。既然你只顾着说自己的感受，不顾及别人的喜好，那我也就“再考虑考虑”吧，有钱还怕买不到东西？况且又不是非买不可！总之，这种“对立”的立场，只会催生“对立”的言辞，加剧“对立”的情绪，让双方的沟通距离成交越来越远。

三、破解策略

破解这一问题的关键依然要先就坡下驴，先理解客人的情绪，体会他的“不舒服”，然后根据包装的实际情况，一步步引导客人转变观念，从而客观认识并接受现有的包装。

四、说话模板

……

“鲜红的包装，太俗气了，送礼不合适。”客人说。

“是啊，鲜红的包装，很常见，很喜庆，很热情，但确实不够素净，要是能够素净些就好了。”导购员说。

“可惜只有这款包装，那盒素净的茶叶香味不如这款，价格也高了很多，感觉不是很划算。”客人说。

“是啊，要是能够对换包装就好了，可惜我们包装很规范，不能随意换茶叶，因为公司要全力保障产品的品质。另外，公司把这款茶的包装基调定为鲜红，也是经过充分的市场调研后，考虑到送礼要送喜气，送出热情，很多人还是很喜欢的，所以这款茶蛮畅销的。”

“也对，各有各的长处，红色更喜庆更热情，那就买了吧，反正茶叶好才是最重要的。”客人笑着说。

“是啊，素净的更显高雅，红色的更喜庆，但更重要的还是买茶做什么用。”导购员说。

“你说得对，买两盒。”客人说。

……

五、举一反三

红色，的确很常见，不够素净，但也的确有着非常喜庆、非常热情的感觉。这种可以给出多种解释的“元素”，不仅体现在包装颜色上，也会体现在包装尺寸上。在销售沟通过程中，你要在尊重事实的情况下，给出有助于成交的解释。但是，这一切基础都是，只有你认可了客人的感受，化解了他的不满情绪，客人才会心平气和地与你沟通，一步步走向成交。

例如，包装太小，可以理解为包装小气，也可以理解为携带方便，关键是客户需要什么。但请注意，一切要实事求是，不可颠倒黑白、混淆是非！

六、心灵茶汤：面子和肚子，茶叶销售靠谁？

茶叶销售依靠面子，还是依靠肚子？

这是个形象的说法。依靠面子，也就是依靠一些与虚荣、攀比等相关的外在元素；依靠肚子则是指依靠茶叶的基本功效等内在元素。

这里的基本功效既包括物质功效，如茶叶的保健功能，也包括一定层面的精神功效，如品茶能帮助人静下心来。

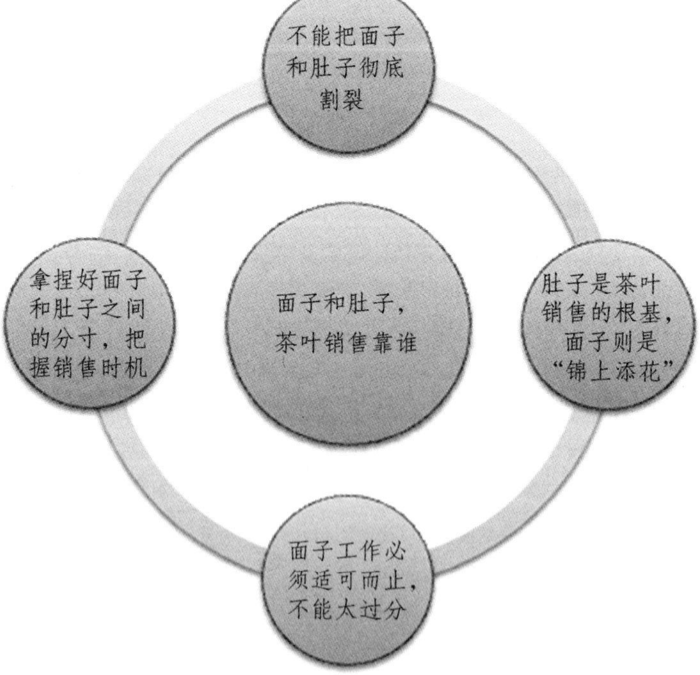

没有基本功效做基础，任何的面子都不能长久。若是一种茶叶没有基本功效，最后的命运也一定像“皇帝的新装”一样被抛弃。茶叶销售，最根本的还是要在产品质量基础上，做好茶叶销售工作，引导大家了解茶叶的基本功效，从而开始在日常生活中喜欢喝茶、爱上品茶。

面子虽然重要，但不能太过分。2 两茶叶配上 2 斤包装的事情并不罕见，这种做法很浪费，对生态环境的破坏也很大。所以，茶叶销售必须冲破面子习俗，把包装做实用，甚至在茶界推出简包装潮流，让消费者以相对较低的代价品尝到好茶，而不是买椟还珠。我们可以看看立顿发展史，乃至茶叶在英国的普及过程，从中看到茶叶销售与包装的关系，不能沉溺于“面子”里不能自拔。

情景21 顾客抱怨价格太高时，我怎么说？

阅读前，我的处理方式

我这样说：________________

____

主要原因：________________

____

____

价格是成交的关键要素之一，甚至是最关键的要素。那么，当顾客抱怨价格太高的时候，导购员应该怎么处理呢？

一、场景写真

……

“你泡的西湖龙井，多少钱一斤？”客人问。

“1200元一斤。”导购员笑着说。

“这么贵，杀猪啊？”客人惊讶地说。

“瞎说什么，这是明前的西湖龙井，1200元一斤，怎么能说贵啊。”导购员不耐烦地说。

“我之前买过的西湖龙井，几百元一斤就好了，远不到1000元，也是明前的。”客人说。

“不可能，你瞎说，不可能这么便宜，你知道茶青多少钱一斤吗？”导购员大声说。

“你不信算了，这么多茶叶店，都可以去看看。”客人毫不客气地说。

“好，找到的话告诉我，我也想买。”导购员说。

……

二、问题诊断

为什么客人会觉得“1200元一斤的西湖龙井”价格高呢？

根本原因是，客人说价格高的时候，他心中一定有一个低于1200元的价格标杆。没有价格标杆，不可能有高低的感觉。哪怕这个标杆是错误的，它也一定是存在的，你显然不能忽视。

三、破解策略

破解价格高难题的关键是，通过提问，找到消费者说的那个标杆，即，你要搞清楚消费者是在和“谁”比，然后逐步破解，导向成交。

四、说话模板

……

“你泡的西湖龙井，多少钱一斤？”客人问。

“1200元一斤。”导购员笑着说。

“这么贵，杀猪啊？”客人惊讶地说。

“哈哈，您真幽默，不小心的话，还真有可能是杀猪，您说得对。”导购员笑着说。

“你什么意思？难道说你这个价格不是杀猪？”客人反问。

“如果我不是梅家坞的龙井，也没有做了四十多年的西湖龙井，那就有可能是杀猪。先生，我能不能问您一个问题？”导购员笑着说。

“可以，你说。”客人说。

“您以前买的西湖龙井多少钱一斤？”导购员笑着问。

“几百元一斤就好了，远远不到1000元，也是明前的。”客人说。

“那您知道是哪里产的吗？”导购员笑着问。

“哪里产的有区别吗？”客人问。

“当然有区别了，有些拿外地茶叶冒充的，500元以内都可以买到，并且看起来非常好，当然了，一般消费者很难看出来。”导购员笑着说。

“我不知道哪儿产的，但价格的确很低，就像你说的那样，500元不到。”客人说。

“我也理解的，我泡的龙井1200元，您觉得贵，网上卖的还有100多元的，看起来也是一样的，您觉得很便宜，但是，您会相信是真的吗？真要买回来，您敢喝吗？”导购员笑着说。

“有道理，我少买点尝尝，看看到底有什么区别。”客人说。

……

五、举一反三

作为茶商，你要构建一个合适的价值体系，让消费者进入到合适的价值体系，然后再去判断价格高低。否则枉费口舌。

例如，你的茶园保持着原生态，不打农药，不施化肥，严格控制质量，真正的有机茶，怎能和为了产量不择手段的茶商相比？或者说，怎能和冒充的有机茶相比？

再如，核心产区的西湖龙井，相对于冒充的西湖龙井，价格能一样吗？

但这一切要通过沟通才能体现出来，从品牌宣传到销售员讲解，本质上都是沟通的过程。沟通了，信任了，价值才能慢慢体现出来，才有人为价格买单。

六、心灵茶汤："水"比"茶"贵，为什么？

水卖得比茶还贵？

没错，很多情况下，水卖得比茶贵！

例如，依云矿泉水，超市里接近 10 元一瓶，动车上大约 15 元，宾馆里更高，有的甚至高达 50 元。

而 500 元一斤的茶，拿 3 克泡茶，用一般的矿泉水，泡出 500 克茶水，5 元也够了，相比 50 元一瓶，简直是天壤之别！

这是一种比较的方法，主要是说明一个道理，我们必须借助一些必要的方法，充分展示出茶的价值，才能让茶卖出合适的价格，有合适的利润，让更多茶农茶商过上好日子。

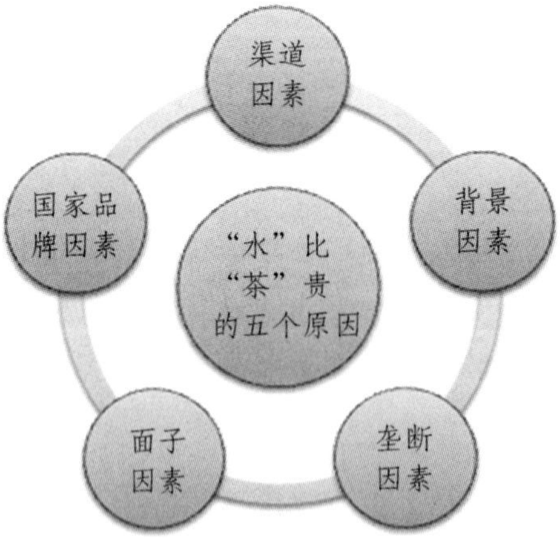

以宾馆的依云水为例，只要分解开来看，就可以知道水比茶贵，主要有五个原因。

第一，渠道因素。高星级的宾馆，给人的感觉档次高，里面的方便面也要贵很多。茶叶要展示出价值，渠道很重要，就像“傍名牌”，很容易提升价值。

第二，背景因素。看看依云的表达：“依云天然矿泉水的水源地法国依云小镇，背靠阿尔卑斯山，面临莱芒湖，远离任何污染和人为接触，经过了长达15年的天然过滤和冰川砂层的矿化，漫长的自然过滤过程为依云矿泉水注入天然、均衡、纯净的矿物质成分，适合人体需求，安全健康。”

这样的水，你认为值多少钱？当然，好的背景还要好的表达，生动的表达，否则等于没有。中国茶叶很多都有类似依云的环境，但是卖得很便宜，消费者还嫌贵，不得不令人反思。

第三，垄断因素。宾馆里的狭小空间，高铁上的狭小空间，一般情况下，不便于到外面购买，自然就在一定空间内形成了“垄断因素”，这也支撑了水的高价格。

第四，面子因素。在宾馆里，朋友来了，不大可能去外面买水，只好就地拿一瓶依云解决，若是要泡茶，碰巧自己没带茶，也只好用宾馆的茶叶，尽管价格不低。

第五，国家品牌因素。这个和背景有关系，单独拎出来是为了提醒茶产业，中国品牌形象在提升，中国茶叶品牌的价值也可以提升，相应的茶叶价格必然可以提高，而不仅仅是现在的出口价格。

情景 22　顾客体会不出口感，我怎么说？

阅读前，我的处理方式

我这样说：______________________________

____

主要原因：______________________________

____

____

不同人对口感的感知不一样，喜欢的口感也不一样。遇到顾客不喜欢的口感，应该怎么说呢？

一、场景写真

……

“你说了这么多效果，我看不到，你说的兰花香口感，我体会不出来。说实在的，我还不喜欢这个口感。”客人说。

“怎么会呢？别人都喝得出啦，特有的兰花香，您怎么就喝不出来呢？”导购员反问。

“真没喝出来，会不会效果也喝不出来？”客人更加疑惑了。

“别人都喝得出来，您也能喝得出来，消炎效果很好，您不可能喝不出来。”导购员几乎重复了一遍。

“万一喝不出效果呢？就像这香甜的口感，我不仅体会不出来，还不喜欢这口感呢！”客人说。

“不可能，肯定能喝出效果来，要不您就带一盒回家尝尝，保管效果好。”导购员说。

“算了，我还是逛逛再说。”说完客人就走了。

二、问题诊断

场景中的问题主要有两个：

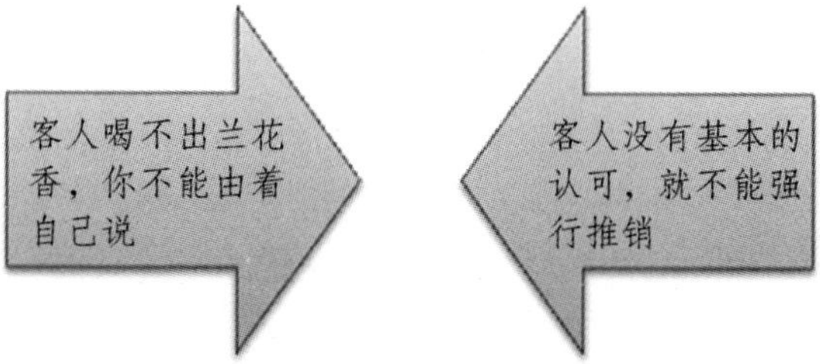

第一，客人喝不出兰花香，你不能由着自己说，更不宜指责客人。

第二，客人没有基本的认可，就不能强行推销。尚未消除客人对口感的疑惑，导购员就直接要求客人“带一盒回家尝尝”，显然是一厢情愿之事。

这背后的原因，要么是导购员接受了太多的“打鸡血培训”，要么就是从来不会换位思考。

三、说话模板

……

“你说了这么多效果，我看不到，你说的兰花香，我体会不出来。说实在的，我还不喜欢这个口感。”客人说。

“没关系，每个人的味觉不一样，别人喝得出兰花香的感觉，您喝不出来很正常。不喜欢这个口感也很正常，都说这个茶需要‘日久生情’，而铁观音是‘一见钟情’。”导购员笑着说。

“‘日久生情’和‘一见钟情’，哈哈，真有趣。”客人笑着说。

“是的，即使您暂时不喜欢这个口感，也能喝得出效果来，它的消炎效果很好，也就‘日久生情’了。”导购员坚定地说。

“万一不能‘日久生情’怎么办?”客人笑着问。

“这个好办，万一产生不了感情，就说明我没说清楚怎样和‘她’相处。所以，我得仔细说说怎样与‘她’相处。”导购员幽默地说。

“好的，先买一盒和‘她’‘处处看’，有感情了再说。”客人笑着说。

“哈哈，谢谢，您真幽默。”导购员笑着说。

四、举一反三

不可能所有事都如人所愿，消费者买茶也是如此。不喜欢某种口感，但为了追求“消炎效果”，就要委曲求全。你要有这个意识，然后才能引导客人有这个意识。

对于茶叶包装、价格、茶形、香气、口感等等，都会出现“此事古

难全”的情况，也都要站在消费者的角度去考虑，才能举一反三，逐一化解销售过程中遇到的问题。

五、心灵茶汤：谁动了你的客户？

一位读者提出了客户流失的问题。她从 2007 年开始做黑茶，主要定位中高端市场，开始的几年形势很好，很多省市都有经销商，自 2012 年开始下滑，2013 年加剧，随后的几年更是跌得很厉害，现在的销售量更是少得可怜，库存积压，经销商少了一半以上。目前不敢再生产新产品，非常着急。现在能够生存，基本是靠一款新产品维持着。

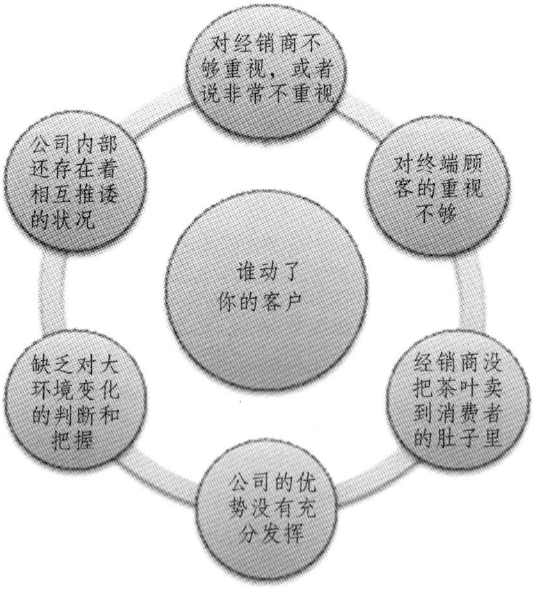

笔者诊断后认为，造成这个局面的原因主要有：

之一，营销部门与生产部门相互推诿。

之二，对经销商不够重视，或者说非常不重视。经销商是公司重要的资产，他们是产品销售的重要渠道，必须照顾好、维护好。

之三，对终端顾客的重视不够，或者说压根就没有真正重视过顾客。顾客为什么进店？为什么经常进店？进店为什么消费？为什么经常消费？这些问题，茶企必须彻底搞清楚，才有资格发展代理商。这些问题必须有具体可行的操作方法才行，仅仅停留于原则性的策略上没有用。

之四，经销商没有把茶叶卖到消费者的肚子里。以前经销商多，业绩增长快，但不可忽视，不少茶叶主要是进入了“流通环节”，并没有进入到消费者的肚子里，或者成了“金融产品”。一些消费者藏了很多茶，甚至足以喝几十年，谁还会买茶？

之五，公司的优势没有充分发挥。例如，如果产品的利润空间足够，可以站在消费者的角度，整合公司的产品，根据经营情况，创造性地做一些产品组合，以快速提高产品的销售力。

之六，缺乏对大环境变化的判断和把握。业绩下滑的原因，除了公司没有“深耕”市场之外，对经济环境也缺少提前应对。以前的市场容易做，抓住一个就能吃上几个月乃至更久，现在主要针对“消费者”的“喝茶”，自然需要精耕细作。若是能够提前看到这一点，及时制定应对策略，也不会下滑得如此惨烈。

情景 23 顾客摆出茶叶专家的样子，我怎么说？

阅读前，我的处理方式

我这样说：____

____

主要原因：____

____

____

顾客明明对茶叶一知半解，却摆出一副高深的样子，这时应该怎么办？

一、场景写真

……

“您好，您要买安吉白茶？”导购员笑着问。

“是的，买几盒送礼。”客人回答。

“哦，您大概需要什么价位的？”导购员笑着问。

“差不多就可以了，安吉白茶我最懂了，《大观茶论》里就有论述，你知不知道？”客人反问道。

“当然知道了，我们公司系统培训过，我对安吉白茶非常了解。”导购员说。

“那你说说安吉白茶四个字是谁写的？”客人问。

“这个谁不知道，吴昌硕专门为安吉白茶写的。”导购员回答。

“不对，是从吴昌硕的字迹中挑选出来的，不是吴昌硕专门为安吉白茶写的。”客人说。

“哪有这么巧的事？培训的时候，老师说是吴昌硕写的，肯定是您搞错了。我是卖安吉白茶的，还能不知道这个？”导购员提高声音说。

“你还真错了，亏你还是卖茶的，算了，我去别家看看。”客人说完就走了。

二、问题诊断

客人说他最懂安吉白茶，导购员却要和他一争高下。场景中，导购员说错了，安吉白茶四个字的确是从吴昌硕字迹中挑选出来的，并非吴昌硕为安吉白茶写的。历史上安吉白茶和吴昌硕没有交集。

想想也是情理之中，基本的常识都不懂，茶叶能做好吗？还是去别人家看看吧。

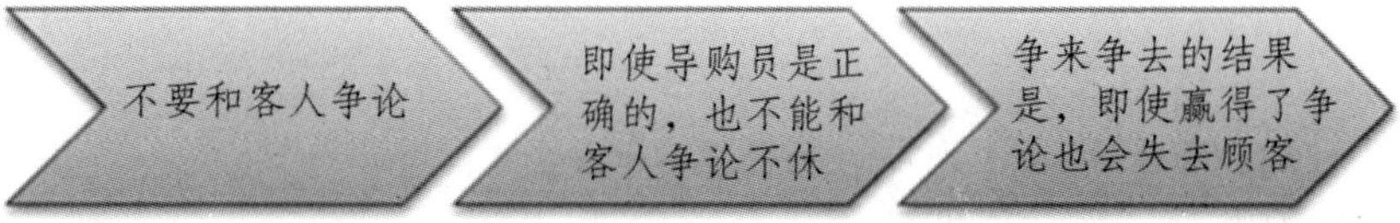

但话又说回来了，即使导购员是正确的，也不能和客人那样争论不休。争来争去的结果，即使赢得了争论也会失去顾客。因为，输了的客人丢掉了面子，最好的办法就是快速离开。

三、说话模板

……

“您好，您要买安吉白茶？”导购员笑着问。

“是的，买几盒送礼。”客人回答。

“哦，您大概需要什么价位的？”导购员笑着问。

“差不多就可以了，安吉白茶我最懂了，《大观茶论》里就有论述，你知不知道？”客人问。

“略微知道一些，公司系统培训过，肯定不如您了解得那么多。”导购员说。

“不一定，我考考你，你说说安吉白茶四个字是谁写的？”客人问。

“不好意思，我最害怕考试了，那四个字好像是吴昌硕专门为安吉白茶写的。”导购员回答。

“不对，是从吴昌硕的字迹中挑选出来的，不是吴昌硕专门为安吉白茶写的。”客人说。

“哦，有这么巧的事？谢谢您指出我的错误，培训的时候，老师说是吴昌硕写的，应该是我理解错了，给老师抹黑了。不好意思，亏我还是卖安吉白茶的，一定要向您好好学习。”导购员不好意思地说。

“别客气，谁都会犯错的，我也是喜欢咬文嚼字，瞎弄点虚的，做茶肯定是你们更专业。”客人笑着说。

"文化很重要，是软实力，国家都重视茶文化了，我要向您多学习。"导购员说。

"哈哈，我也只是一知半解，半罐子，没啥水平，喜欢茶文化而已，送礼也喜欢送茶，今天来就是为了买茶送朋友。"客人笑着说。

"您真谦虚，我们老板也很喜欢研究茶文化，你们以后可以多聊聊。"导购员说。

"好，今天先买一盒，以后有机会再帮我引见，一会就要和朋友见面。"客人笑着说。

四、举一反三

好为人师，这是人的通病。

如果客人一定要表现出"专家"的样子，一定要做一回老师，过一把老师瘾，你就在尊重事实的基础上，避免与之"对立"，将之视为老师，给予他足够的尊敬，让他感觉到你对他的"尊重"，以尽力满足其"虚荣心"，让"成交"成为顺其自然的结果。

五、心灵茶汤：茶商加速进入"野生模式"！

大茶业时代有三种商业模式：

第一，圈养模式。圈养，本意是"关在圈里饲养"，这里代指一些无须为生存担忧的茶企。他们在茶叶经营上没有足够的动力去"重视"消费者。

第二，放养模式。放养，本意是"把某些已经圈养的野生动物重新放到野外环境中去，使它们在一定范围之内以原有的生存方式生活"。这里代指一些由大型企业投资、暂时不须要为生存担忧的茶企。这些茶企往往带着"母公司"或"母品牌"的光环，虽然不是很懂得市场运作，但也可以凭着光环获得一些荣耀和追捧。

还有一种放养模式的茶商，他们主要依靠政府的各项补助以及其他渠道的资金来生存和发展，在市场上并没有太好的表现，对顾客缺乏系统的了解，也没有真正重视顾客。

第三，野生模式。野生，本意是"动植物在野外自然生长而非经人工驯养或培植"，这里代指一些茶企，尤其是一些茶店、茶农或茶馆，"无依无靠"，只有靠自己打拼才能生存。

其实，无论你之前是怎样的模式。未来都不可避免地要更多地选择"野生模式"，也就是说，中国茶商正在加速进入"野生模式"。

情景24 同行的顾客意见不同时，我怎么说？

阅读前，我的处理方式

我这样说：________________________________

____

主要原因：________________________________

____

____

有时，顾客是一个人进店买茶，有时则会两三个人同行。万一其中的一位顾客认可，同行的另一位顾客意见不同，应该如何处理呢？

一、场景写真

……

“这红茶的香型我喜欢，来两盒。”同行的男客人说。

“好的，碰巧今天是中秋节，打八八折。”导购员笑着说。

“还是别买了，这个品牌都没听过，送出去多没面子。”同行的女客人说。

“有道理，这个品牌我也没听说过，不过祁门红茶倒是非常有名，我读书的时候就有同学带到宿舍给大家喝，就是刚刚喝的这个味道。”男客人说。

“大哥，别听她的，关键是茶好，听没听过又没关系，您看这包装，多上档次，再说了，祁门红茶是历史名茶，英国女王都喜欢喝，企业的品牌又不重要。”导购员很着急。

“哪家企业做的当然重要了，随随便便在网上买两盒祁红能放心吗？打对折都可以。”女客人不满地说。

“企业虽然重要，但茶更重要，这个茶真不错。”男客人说。

“对，大哥，别听她的，她不懂茶，茶好喝才重要，送人才有面子。”导购员赶忙说。

"谁不懂茶？我也常喝茶，就是没听过你们的品牌，老公，我们走。"说罢，女客人就拉着男客人往外走。

二、问题诊断

客人走了，谁的错？

表面上看男客人喜欢祁门红茶，也肯定了香型，决定买两盒，但女客人的意见同样非常重要。

试想，万一男客人一意孤行，勉强成交，那么，男客人回家又怎么办？

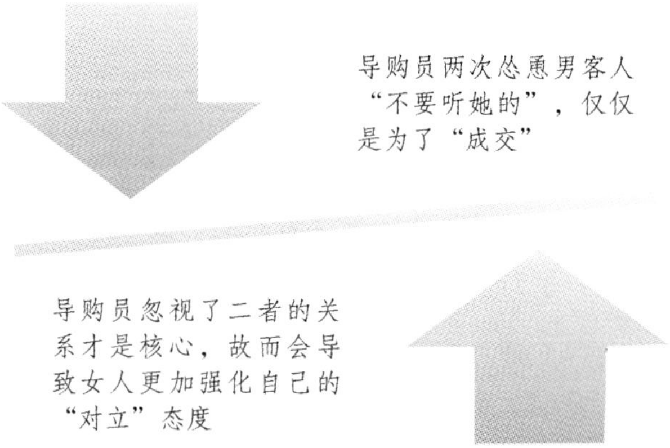

导购员两次怂恿男客人"不要听她的"，仅仅是为了"成交"，却忽视了二者的关系才是核心，故而会导致女人更加强化自己的"对立"态度。

更令人恼怒的是，导购员居然指责女客人"不懂茶"，这句话无异于火上浇油，直接导致女客人强拉着男客人走开，尽管男客人非常想买，喝到这个味道让他回忆起大学时光。

三、破解策略

破解这一问题的关键在于把同行之人的关系放在第一位，先尊重他们之间关于“买不买”的分歧，然后试着化解他们之间的分歧。

如果他们之间的分歧解决了，一般会成交。

即使他们一致认为“企业品牌更重要”，这样的祁门红茶送礼没面子，你也传递了正能量，收获了好的口碑，即，你把“客人内部关系”或“客人家庭和谐”放在了第一位，而不是把赚钱放在了第一位。

四、说话模板

……

“这红茶的香型我喜欢，来两盒。”同行的男客人说。

“好的，碰巧今天是中秋节，打八八折。”导购员笑着说。

“还是别买了，这个品牌都没听过，送出去多没面子。”同行的女客人说。

“有道理，这个品牌我也没听说过，不过祁门红茶倒是非常有名，我读书的时候就有同学带到宿舍给大家喝，就是刚刚喝的这个味道。”男客人说。

“大哥，这位美女说得对，提醒得很重要，送礼一定要有面子才能送。我们虽然做了三十多年的祁红，但品牌知名度的确不高。”导购员诚恳地说。

“你们做了三十多年的祁红?”女客人问。

“是的，美女，您看我们这款包装，上面也写了。”导购员一边说，一边指着包装盒。

“哦，做了三十多年，不容易啊!”女客人感叹道。

“是的，美女，谢谢您的肯定，我们很专注。”导购员笑着说。

“老婆，你再看这包装，是不是很上档次，很有历史底蕴，我记得英国女王喜欢喝祁红。”男客人笑着说。

“包装的确很上档次，送礼挺合适的。”女客人边说边微微点头。

“小妹，你帮我买两盒。”男客人笑着说。

五、举一反三

把客人的利益放在第一位，自己的利益放在第二位，哪怕是暂时做不成生意，也无所谓。因为，长久的生意，从来不以“一时冲动的满意”为基础，必然是以“客人买了之后不后悔”为基础的。

情景 25 顾客说错专业知识时，我怎么说？

阅读前，我的处理方式

我这样说：____

____

主要原因：____

____

____

人前显摆，这是人性，想以此博得他人的重视和羡慕。但是，当顾客谈论专业知识出现常识性错误，显摆不成，应该怎么处理呢？

一、场景写真

……

“要不要试试大红袍？这个茶送礼挺有面子。”导购员说。

“我知道，大红袍是好茶，我常喝。”客人回答。

“喜欢吗？”导购员笑着问。

“红茶我都喜欢，什么祁红、宜红、滇红、信阳红、锡兰红茶、大吉岭红茶，各有各的特色，都暖胃。当然，最喜欢的红茶还是大红袍，喝着很舒服，唇齿留香……”客人洋洋得意地说。

“大哥，您真的懂茶吗？”导购员突然打断客人说。

“当然懂了，没事我常看茶书，泡泡茶。”客人先是一愣，然后面无表情地说。

“那我问问您，大红袍是什么茶？”导购员问。

“当然是红茶，武夷山产的。”客人说。

“您错了，大红袍是青茶，也就是乌龙茶，怎么会是红茶？下次别说错了，说错了会被人笑话的。”导购员诚恳地说。

“这……这……，你们家卖的大红袍是乌龙茶？”客人吞吞吐吐地说，不知所措地说了一句近似“笑话”的话。

“还有哪家卖的大红袍不是乌龙茶?”导购员反问。

……

二、问题诊断

世界之大，无奇不有。说大红袍是红茶的人，不在少数，我们在生活中、调研中，遇到过的就不少。导购员可以指出客人的错误，但要有分寸，不该上升到“懂不懂茶”的高度。当然，这是茶叶圈中经常说的一句话，动不动就是“谁懂茶”，抑或是“谁不懂茶”。这样贴标签、下定论会影响客人的积极性，严重的时候会伤害客人的自尊心，显然不利于成交。例如，导购员的语句“大哥，您真的懂茶吗”，看起来很有礼貌，却非常伤人。尤其是导购员说“还有哪家卖的大红袍不是乌龙茶”，试想，客人的面子往哪放？还会有心情继续沟通吗？不继续沟通，又如何成交？万万不可快活了嘴巴，却赶走了客人！

三、破解策略

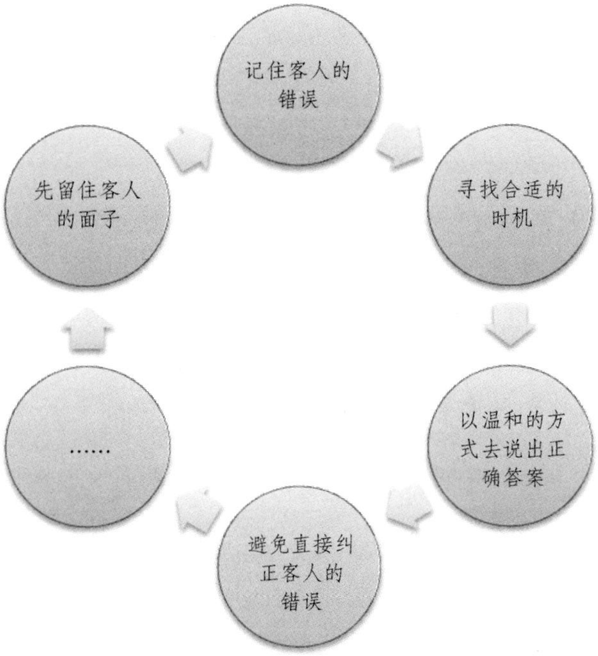

破解这一问题的关键在于先留住客人的面子！然后，你再记住客人的错误，寻找合适的时机，以温和的方式去轻描淡写地说出正确的答案，让客人能够隐隐约约地感觉到就好，而不是直接纠正客人的错误。

四、说话模板

……

“要不要试试大红袍？这个茶送礼挺有面子。”导购员说。

“我知道，大红袍是好茶，我常喝。”客人回答。

“喜欢吗?”导购员笑着问。

“红茶我都喜欢，什么祁红、宜红、滇红、信阳红、锡兰红茶、大吉岭红茶，各有各的特色，都暖胃。当然，最喜欢的红茶还是大红袍，喝着很舒服，唇齿留香，韵味无穷，有种俯瞰大好山川的美妙感觉。”客人洋洋得意地说。

“大哥，您可真牛，大红袍居然喝出这么多感觉，我要向您学习。”导购员客气地说。

“哪里哪里，书上看的，借过来用用，没事我就看看书，泡泡茶。”客人笑着说。

“多看看书挺好的，我们这里有关于乌龙茶的书，买大红袍的客户都能获赠一本，里面有不少大红袍的知识和泡饮方法。”导购员笑着说。

“很巧，我看了不少红茶的书，乌龙茶了解得不多，只是稍微了解一点铁观音。”客人笑着说，似乎意识到了什么。

“其实，茶是喝出来的，越喝就越懂，书只能当作参考。”导购员诚恳地说。

“对，以后我得常来喝茶。”客人笑着说。

“欢迎欢迎，现在就试试我们家的大红袍。”导购员一边说，一边打开大红袍茶叶罐，准备泡茶……

五、举一反三

人的一生中，给别人留面子，就是给自己留一条路。在销售过程中，更应该持续提高情商，做到得饶人处且饶人。你给客人留了面子，就稳定了客人的情绪，为双方保留了继续沟通的时间。只要有机会继续沟通，就能够化解分歧，满足彼此的需求，逐步导向成交。因此，无论客人出现什么样的错误，是专业知识或其他常识，你都要确保对方的面子，然后再找机会沟通解决。

六、心灵茶汤：农业部发给茶产业的“大红包”

2016年9月13日，农业部召开部常务会议，研究做强茶产业工作。会议强调，茶产业事关农民增收，必须充分认识做强茶产业的重要性，统一思想、理清思路，把振兴中国茶产业摆在重要位置，聚焦重点、整合力量，不断提升茶产业质量效益和竞争力。不知茶界的朋友注意到没有，这实际上是农业部给中国茶产业发的“大红包”。

红包一：信心红包。现在茶叶行业处于困境是暂时的，中国拥有几千年的茶文化传统，随着居民消费水平的不断提高，茶叶市场必然会越来越健康，大家要信心百倍。

红包二：方向红包。农业部为茶产业指出了一个方向，即适应消费结构转型升级。

红包三：爱心红包。对于贫困地区特别是贫困山区来说，茶产业是农民脱贫致富的支柱产业，必须充分发挥茶产业带动农民增收致富、助力脱贫奔小康的作用。

红包四：“营销”红包。茶产业如何做营销？方法很多种，但无论怎么做，品牌在营销过程中都非常重要，不管你主观意愿如何，你都在做，所以必须结合实际情况系统去做，尤其是要利用免费资源去做，快速提升品牌影响力。

情景 26　顾客引用负面报道时，我怎么说？

阅读前，我的处理方式

我这样说：____

____

主要原因：____

____

____

智者千虑，必有一失，茶企经营不可能没有负面新闻，行业大了更是难免鱼龙混杂。一旦顾客知道相关负面报道并在购买过程中引用，应该怎么办呢？

一、场景写真

……

“你说得挺好，茶喝着也挺好，闻着很香，但是网上那么多负面信息，说你们铁观音里加了香精，我心里不放心。”客人说。

“那是别人家，我们家肯定不会加香精的，我们做的是口碑生意，加香精还不把自己搞死了？”导购员说。

“我分不清啊，网上说得挺恐怖的，以前也没在你家买过，我怎么相信你们家一定不加呢？”客人疑惑地说。

“喝多了就分得清了，您先买半斤回去喝喝看，日子久了就能分辨了。”导购员说。

“万一你们家有加香精呢？”客人问。

“我说不会就不会的，您不相信就算了。”导购员说。

“我再去逛逛，谢谢你。”客人说。

二、问题诊断

导购员的解答有两个问题。

其一，导购员丝毫不顾客人感受，张口就强调自己家是例外，结尾也是自己家不会加香精，反正都是别人家才会干坏事，自己家一定洁身自好，这种极度自负的想法客人很难相信。

其二，对于如何判断铁观音有没有添加香精，导购员给出的方法实际上是行不通的，因为客人必须先买茶，而买茶又必须排除疑惑，于是进入了一个“死循环”，客人只好跳出“死循环”，去别人家看看再说。

三、说话模板

……

“你说得挺好，茶喝着也挺好，闻着很香，但是网上那么多负面信息，说你们铁观音里加了香精，我心里不放心。”客人说。

“您说得对，网上的确有不少负面信息，但添加香精的不法茶商是少数，您也不要太担心，就像人有好人和坏人，天气有晴天和雨天一样，还是有很多茶商在用心做茶，严守质量关的。”导购员认真地说。

“是的，好人坏人都有，但是我分不清啊，网上说得挺恐怖的，以前喝过铁观音，挺喜欢的，但喝得不多，没啥经验，所以不知道怎么区分。”客人坦诚地说。

“您的担忧我是理解的，您看我们做茶做了十多年了，不算短也不算长，自始至终都把质量放在第一位。如果您离得不远的话，您先不要买，可以常来喝喝茶，渐渐地您就能分辨了。”导购员诚恳地说。

“今天不对比没关系，我先买点尝尝，有空再来向你请教。”客人笑着说。

……

四、举一反三

证明一种东西好，可能十句话也不嫌多，但证明一种东西不好，可能一句话就够了。面对客人关于负面报道的担忧，你必须理解客人的这种心理。尤其是现在的商业企业，极少数是缺乏道德良知的，为了赚钱什么都敢干，消费者更是缺乏安全感，这种情况下，你必须留心行业或自己企业的负面报道，做到心中有数，然后在实际销售过程中沉着冷静，运用类似的策略将之化解掉。

五、心灵茶汤：卖茶除了“艰守”，更要改变！

一位读者提出了茶店转型的问题：

我目前经营一家社区店，“艰守”了四年，只卖安化黑茶。可能受黑茶传销影响，进店客户少。客流方面，一是靠拉朋友来店里免费喝茶，朋友体验好的话，再去影响朋友的朋友，二是坐等客户上门，但陌生客户进店大多是找绿茶或红茶。

这位朋友用了一个新词汇：“艰守”，可能是“艰难地坚守”之意。

对于这类问题，我们谈五点看法，而“你”需要结合自己实际情况做“五种改变”。

第一，做茶叶生意也必须盈利，没有盈利的生意，对大部分人来说都是煎熬。你就可以在安化黑茶之外找一些消费者需要的产品，而不是死守着安化黑茶不变。

第二，社区店做了四年，日子应该会比较滋润才对，你要分析一下，除了你已经表达的原因之外，你还要分析一下为什么没有做好销售业绩。

例如，你要有自成一体的吸引顾客方式，尤其是要让顾客成为你的“口碑大使”，让顾客为你带来源源不断的顾客。有了顾客数量的基础，才会有后来的销售额和盈利。例如，朋友带朋友来喝茶，你也要制定一系列简单可行的方法，而不是任其自然发展。自然发展的速度太慢，甚至会中断。开店做生意不容易，既要管员工，又要服务好顾客，必须按照一定的章法，仔仔细细地做，推心置腹地做，结合一定的促销策略和说话技巧，一定会渐渐好起来。

第三，既然陌生顾客进门找绿茶和红茶，你就要准备好质量过硬、性价比高的绿茶和红茶。顾客需要的，只要是正当的，你能够保障质量的，与茶相关的，你就可以为之提供，帮助他解决问题，满足他的需求，而赚取利润则是顺带的结果。只有你有了利润，过得上好日子，你才能为顾客提供更好的服务，否则，一切皆为空谈。

第四，“专一”和“多元化”是一对相对的概念，也是一对不断变化的概念。世界在变化，你必须变化，而不变的是为顾客着想，服务好顾客，不断为顾客创造价值，不断为顾客节省时间或节省资金。

第五，如果你不满足现在的“艰守”，那就不能坐等顾客上门，一定要想办法走出去，吸引更多的潜在顾客进入店铺，然后一步步转化为店里的顾客。请记住，如果要坚持做茶叶生意，你就必须把茶叶生意做好，才能更好地活下去！茶叶是“死”的，人是“活”的，多创新，借助茶叶为顾客创造价值，一定会好起来。

情景 27　顾客指出我的错误时，我怎么说？

阅读前，我的处理方式

我这样说：________________________________

____

主要原因：________________________________

____

____

顾客会说错，导购员也会说错，这时该怎么办呢？

一、场景写真

……

“大哥，您平时喜欢喝什么茶?”导购员问。

“舒城小兰花。”客人答。

“哦，您喜欢喝花茶啊，我们这里有玫瑰花茶，也有菊花茶，产地的生态环境都很好，您也可以尝尝。”

“小妹，小兰花不是花茶。”客人笑着说。

“不可能吧，小兰花不是一种花吗?”导购员反问。

“没错，小兰花是一种花，兰花也是一种花，但舒城小兰花不是花茶。”客人说。

“您没搞错？难道舒城小兰花不是兰花?”导购员继续自以为是。

“舒城小兰花的确不是兰花，也不是小兰花。舒城小兰花是一种绿茶，它是历史名茶，创制于明末清初。有一种说法是，它是因为茶品质优异、兰花香气扑鼻而得名。”

“哦，看来您懂得不少，那您喜不喜欢喝花茶呢?”导购员面无表情地问。

……

二、问题诊断

场景中的导购员存在三个问题。

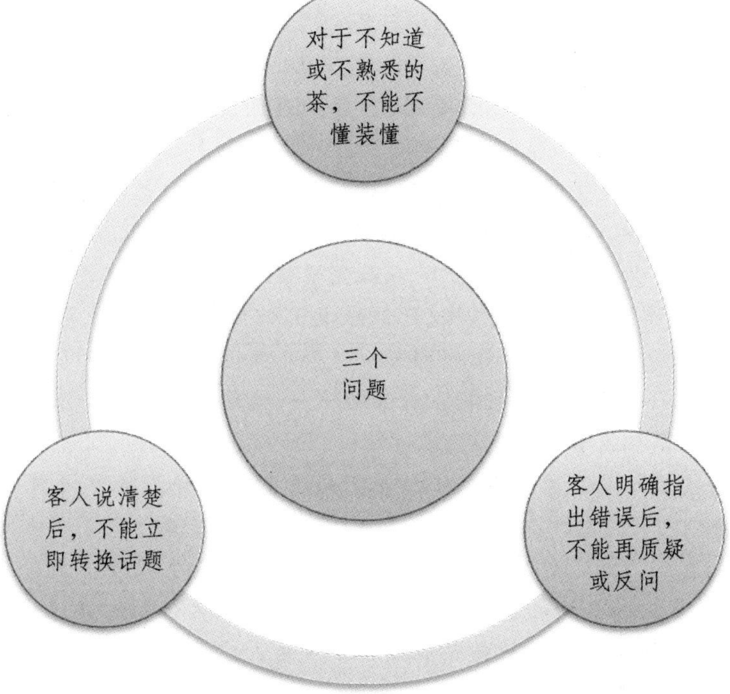

其一，对于不知道或不熟悉的茶，不能不懂装懂。倘若也是“秀才读字读半边”，直接根据名称就断定是什么茶，不可避免地会闹笑话，就像很多人以为安吉白茶是白茶、大红袍是红茶、白琳工夫是白茶一样。

其二，客人明确指出错误后，不能再质疑或反问。真有疑问的话，也可以温和地说出自己的真实感受，虚心地向客人请教，避免咄咄逼人。

其三，客人说清楚后，不能立即转换话题。一句“看来您懂得不少”，像是肯定，又像是不屑一顾，必然会让客人心中不悦，再跟上一句“那您喜不喜欢喝花茶呢”，又会让客人觉得“推销味道太浓”。

三、破解策略

三人行，必有我师。

破解这一问题的关键在于导购员要尊重客人，珍惜客人指出自己错误的机会，大大方方地承认错误，给客人“做老师”的机会，然后再通过沟通化解客人对自己的不信任，让沟通朝着成交方向走。

四、说话模板

……

“大哥，您平时喜欢喝什么茶?”导购员问。

“舒城小兰花。”客人答。

“哦，您喜欢喝花茶啊，我们这里有玫瑰花茶，也有菊花茶，产地的生态环境都很好，您也可以尝尝。”

“小妹，小兰花不是花茶。”客人笑着说。

“啊?不好意思，大哥，我见识短浅，小兰花不是一种花吗?”导购员吃惊地问。

“没错，小兰花是一种花，兰花也是一种花，但舒城小兰花真的不是花茶。”客人笑着说。

“哦，丑大啦，原来舒城小兰花不是兰花的一种，难为情啊。”导购员继续说。

“没关系，舒城小兰花的确不是兰花，也不是小兰花。舒城小兰花是一种绿茶，知名度的确不高，你不知道也很正常，但它是地地道道的历史名茶，创制于明末清初。有一种说法是，它是因为茶品质优异、兰花香气扑鼻而得名。”

“哦，大哥知识渊博，我要向您学习才对。对了，我好像在点茶成金微信公众号上看到一首关于舒城小兰花的诗，很有感情，当时就觉得很好奇，居然有人对它这么感兴趣，还为它写诗，今天明白了，原来它是历史名茶啊。”导购员笑着说。

“有人为它写诗?你找给我看看。”客人吃惊地问。

“是的，您稍等。”导购员一边说，一边打开手机，找到那首诗递给了客人。

客人说了谢谢，看了看诗名《春天已来，舒城小兰花正等你牵手盛开》，津津有味地读了起来……

与客人有了情感上的交流，再根据客人的购买力和饮茶习惯，推荐性价比合适的茶，成交则是水到渠成。

五、举一反三

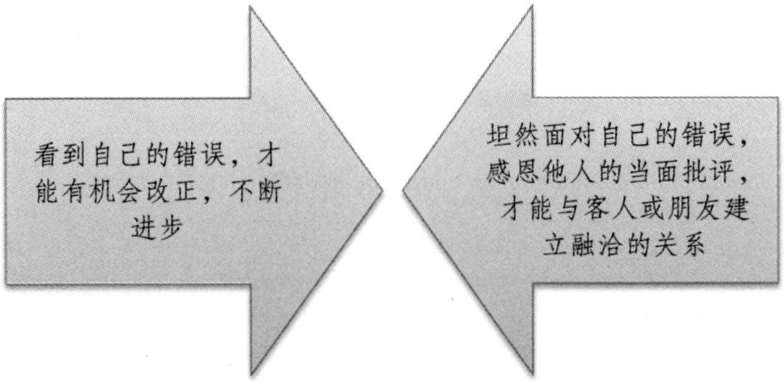

看到自己的错误，才能有机会改正，不断进步；坦然面对自己的错误，感恩他人的当面批评，才能与客人或朋友建立融洽的关系。

导购员的错误，不仅仅包括茶叶知识的错误，也包括其他知识或技能上的错误，例如，当你把“明日黄花”说成“昨日黄花”时，就要欣然接受他人对你的指正。

情景28　顾客提出喝茶的害处时，我怎么说？

阅读前，我的处理方式

我这样说：______________________________

____

主要原因：______________________________

____

____

说惯了喝茶的好处，有顾客当面提出喝茶的害处时，应该如何面对呢？

一、场景写真

……

“我也知道自己有点胖，多喝茶能辅助减肥，也能帮助降压降血脂，同事也经常这样说，但是我喝茶就会失眠，不敢喝啊。”客人无奈地说。

“没关系，多喝就习惯了，习惯了就能睡着了，您看我，不论晚上喝什么茶，都能睡得很香。”导购员说。

“喝绿茶也能睡得着？”客人疑惑地问。

“当然，您多喝也能睡得着。”导购员说。

“不一定，睡不着觉很难受，翻来覆去，数鸭子、数星星都没用，太难受了。”客人说。

“相信我，养成喝茶的习惯就能适应了，要不您今天先带点茶回家？”导购员笑着说。

“我还是得想一想，睡不着觉很难受。”客人说。

……

二、问题诊断

场景中的导购员主要犯了三个错误。

其一，避重就轻。客人不买的原因是“喝茶就会失眠”，这个时候应该重点就“失眠”问题细谈，而不是避重就轻，稀里糊涂地说“多喝就习惯了，习惯了就能睡着了”。

其二，太过冷血。客人说睡不着觉很难受，这个时候应该去关心客人，而不是要求客人相信自己，依旧强调“养成喝茶的习惯就能适应了”。

其三，自私自利。客人的顾虑没解决，就站在自己的立场提出购买请求，显然是不近人情，甚至是太自私，这样的场景不仅多，而且很容易被忽视。

不少销售培训也会教唆导购员这样做，我们不赞同，必须把客人的利益放在第一位，让成交成为“顺带的结果”。

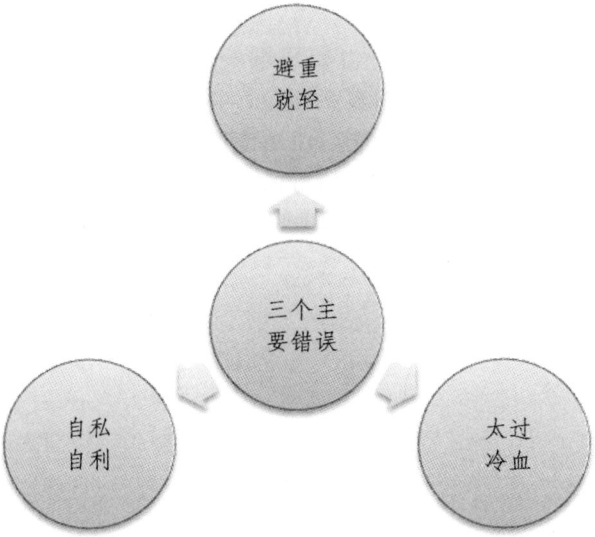

三、说话模板

……

“我也知道自己有点胖，多喝茶能辅助减肥，也能帮助降压降血脂，同事也经常这样说，但是我喝茶就会失眠，不敢喝啊。”客人无奈地说。

“那要慎重了，睡不着觉很难受的，那您之前喝茶，一般会选择什么时间喝?”导购员说。

“白天抽空泡泡。”客人说。

“喝的哪种茶?”导购员问。

“西湖龙井。”客人说。

“哦，是绿茶。其实，逐渐改变一下喝茶时间，晚上闲下来泡泡茶，轻松一下。”导购员笑着说。

“可以试试。”客人笑着说。

“为了健康，还是值得一试的。建议您试试黑茶，起初喝淡一点，一般不会影响睡眠。”导购员笑着说。

“好的，小妹帮我推荐一下，哪种黑茶好?”客人笑着说。

……

四、举一反三

世界上极少有完美，或者说就没有完美。事物也都有利弊，茶叶更不能例外。

对待客人提出茶叶害处，诸如影响睡眠、影响药效、刺激肠胃等等，不要掩饰，因为这些弊端客观存在，有些甚至还很明显，如喝浓茶等。对此，你要和客人耐心交流，说清喝浓茶的害处，帮助客人养成正确的喝茶习惯，让沟通朝着成交的方向进行。

情景 29　顾客无故指责我时，我怎么说？

阅读前，我的处理方式

我这样说：____

____

主要原因：____

____

____

人，都会闹情绪。顾客心情不爽、脾气不顺，你说了几句，顾客就指责你，应该怎么办呢？

一、场景写真

……

“别跟我谈那么多虚的，什么皇帝喜欢、妃子喜欢，不就是一杯茶吗？”客人不耐烦地说。

“皇帝妃子都是实实在在的人，他们确实喜欢这种茶，怎么会是虚的？”导购员说。

“谁知道他们喜不喜欢，还不是编故事糊弄人。买茶就是买茶，喝茶就是喝茶，谈那么多神乎其神的干吗。”客人说。

“这叫茶文化，哪里是糊弄人，您不懂茶文化就别瞎说。”导购员不满地说。

“算了算了，不和你说了，说来说去都是玄乎的。”客人说完，生气地走了。

二、问题诊断

“无故指责”，只是一个表象。背后有两个原因，一个是茶叶界的乱象的确多，另一个是客人心情不好，也的确有点脾气，二者碰到一起，自然就会出现“无故指责”的情况。但导购员的处理方式不对，充满着火药味，例如，“皇帝妃子都是实实在在的人，他们确实喜欢这种茶，怎么会是虚的?”这句话本身就是导购员在发泄情绪。再往后看，“您不懂茶文化就别瞎说”，赤裸裸地指责客人，当然会让客人感叹“算了算了”，随即一走了之。

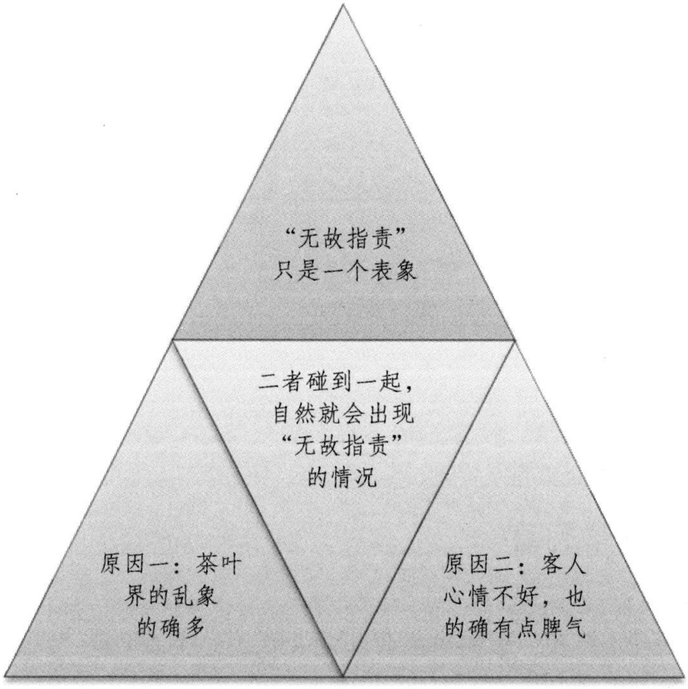

三、说话模板

……

“别跟我谈那么多虚的，什么皇帝喜欢、妃子喜欢，不就是一杯茶吗?”客人不耐烦地说。

“您说得有道理，先喝杯茶，相对茶叶来说，皇帝妃子什么的，确实虚了点，毕竟，您觉得茶好喝才是最实在的，也是最重要的。”导购员笑着说。

“是啊，谁知道他们喜不喜欢，还不是编编故事糊弄糊弄人。买茶就是买茶，喝茶就是喝茶，谈那么多神乎其神的干吗，没意义。”客人感叹道。

“您说得对，编故事糊弄人就不对了，也不是真正的茶文化，真正的茶文化是实事求是，虽然不如一杯茶实在，但也不是糊弄人，都是在传播一些好的东西。”导购员说。

“是啊，确实要弘扬好的东西，比如说这茶，要真的是好茶，才能弘扬，虚的不行。”客人说。

“您说得对，不谦虚地说，我们的茶就是好茶，您觉得怎么样？”导购员笑着问。

“嗯，口感不错。”客人说。

“谢谢您的肯定，刚刚跟您说的皇帝和妃子喜欢是真的，但这都不重要，您喜欢喝才是最重要的。”导购员说。

“哈哈，我没有那个雅兴，老百姓一个，就是喜欢喝茶。”客人应道。

……

后面的交流，只要价格适中，导购员能够正常回答问题，成交基本上是水到渠成。

四、举一反三

坏脾气、坏情绪里有“黄金”，应对客人的坏情绪，就相当于“淘金”，自然需要足够的耐心和诚心，让客人“气顺了就好”。

坚持做到了，不仅你的沟通能力大大长进，也会更深层次地赢得顾客，有效提高销售业绩。

情景 30　发现茶样有质量问题时，我怎么说？

阅读前，我的处理方式

我这样说：____

____

主要原因：____

____

____

眼见为实耳听为虚，导购员拿茶样给顾客看，就是为了让其放心，但茶样本身有问题时，应该怎么处理呢？

一、场景写真

……

"这个是特级霍山黄芽吗？"客人问。

"是的，特级，您放心。"导购员说。

"特级怎么还有这么大的叶子？"客人问。

"哦，我看看。没什么，挑出来就好了。"说着，导购员把茶样中的大叶子捏起扔掉。

"万一你们的包装茶里也有大叶子，还怎么送礼？多丢人！"客人问。

"不会有的，肯定不会有的，您不要担心，包装茶都是认真检验过的，合格了才能卖。"导购员说。

"茶样就没检验过吗？"客人问。

"茶样也检验过，但，但，但，包装茶检验得更认真，您放心。"导购员有点儿吞吞吐吐。

"我多看看再说，谢谢你。"客人说完就转身离去。

二、问题诊断

场景中的导购员主要犯了两个错误。

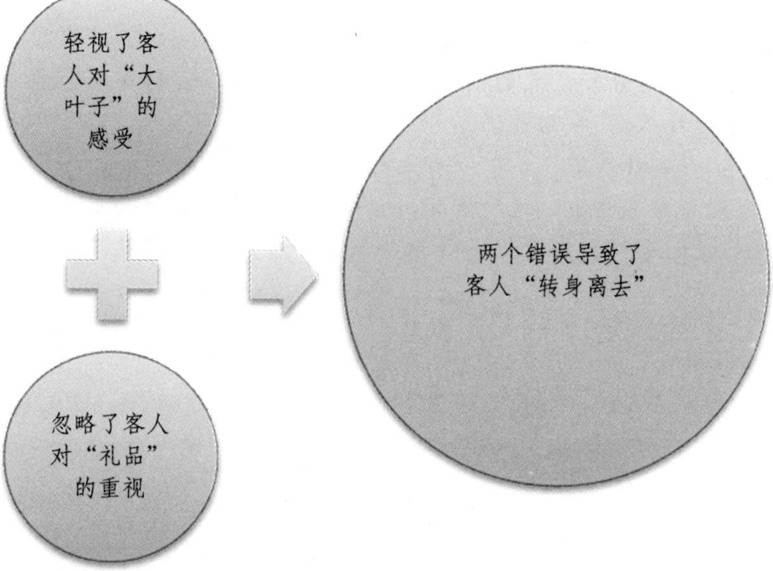

其一，轻视了客人对“大叶子”的感受。

特级茶叶的茶样里还有大叶子，这件事对买茶的客人来说不是小事情，关系到他对茶叶质量的信心问题，不能“我看看”，说一句“没什么，挑出来就好了”。

其二，忽略了客人对“礼品”的重视。

万一包装茶里也有大叶子，并且不止一片两片，就会严重影响他的面子，怎么能拿这样的礼物送人？但导购员吞吞吐吐地强调“包装茶检验得更认真，您放心”，并不能消除客人的顾虑。

三、说话模板

……

“这个是特级霍山黄芽吗？”客人问。

“是的，特级，您放心。”导购员说。

“特级怎么还有这么大的叶子？”客人问。

“哦，我看看。很抱歉，这个是大问题，我们的茶样经常展示给客人看，有时不小心，抓来抓去，就会把一些大的叶子带进去。这是我们的问题，您很细心，对不起。”说着，导购员把茶样中的大叶子捏起，递给了客人。

“万一你们的包装茶里也有大叶子，还怎么送礼？多丢人！”客人接过大叶子，笑着问。

“对不起，您的担心是有道理的，茶样让您不放心了，非常抱歉。我们的包装茶是分开包装的，并且都认真抽检过，达到要求才能外卖，这一点请您放心。”导购员说。

“不怕一万就怕万一，万一有大叶子呢？”客人追问。

“我到公司三年了，这种情况，至今还没出现过，但如果真有万一，真出现您说的那样，您就把茶叶退给我们，我们全额退款。”导购员笑着说。

“好的，相信你。”客人笑着说。

……

四、举一反三

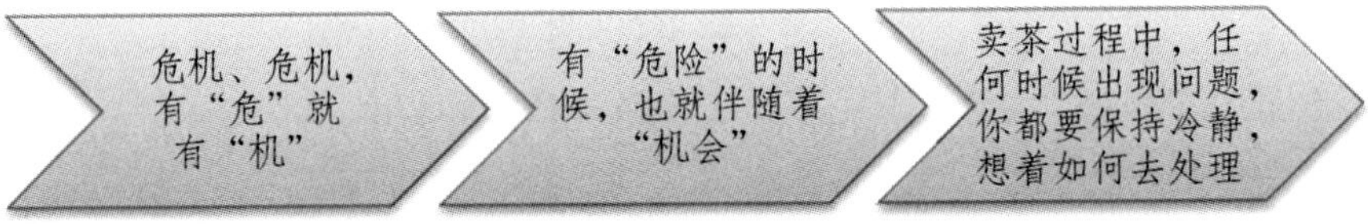

危机、危机，有“危”就有“机”！

换言之，有“危险”的时候，也就伴随着“机会”。卖茶过程中，任何时候出现问题，你都要保持冷静，想着如何去处理。

例如，倘若不是场景写真中列出的“茶样质量有问题”，而是茶叶包装出现裂缝、产品价格错误等，实质也都一样。你只需坦然面对，化“危”为“机”。

五、心灵茶汤：茶叶店如何抓住老客，拓展新客？

茶叶店怎样抓住老客，拓展新客？这个问题是茶叶销售过程中“最核心”的难题。

记住，先成就别人，后成就自己，你为他提供性价比高的产品，提供性价比高的服务，让他在你这里获得在别人那里无法获得的体验和满足，他自然就不会离开了！

具体怎么做呢？

第一，你首先要了解自己，你能够为客户提供什么。

比方说，提供什么茶叶？为什么要提供这些茶叶？这些茶叶能给客户带去什么利益？除了茶叶，你还能提供什么？

第二，你要了解顾客，知道他究竟需要什么。

不管是想方设法了解顾客，千方百计了解顾客，还是挖空心思了解顾客，总之，你必须了解你的顾客。否则，你怎么为他提供服务？

第三，在了解你自己和客户的基础上，你要制定合适的客户倍增策略。

例如，我现在有 100 个客户，如何才能迅速变为 200 个客户？现在的客单价是 500 元，如何才能提高至 700 元、800 元、1500 元乃至 5000 元？这些都需要根据具体的调研，然后制定合适的方法，以快速实现茶叶店业绩翻番。

最后说一下，卖茶的关键是“出众”“出名”“出谋”，有了三者做基础，自然会持续不断地“出货”，即，“卖茶”，这就是“3C 快速卖茶模型”的核心。“出名”“出谋”的基础则是“出众”，或者说“出挑”，三者在本质上是一回事，其关键都是站在消费者的立场上，帮助消费者选择合适的茶叶，让茶叶成为消费者日常生活的一部分，为消费者的身体健康、心灵健康提供帮助。

情景31　遇到无法回答的问题时，我怎么说？

阅读前，我的处理方式

我这样说：____

____

主要原因：____

____

____

顾客提的问题，无法回答时，你该怎么办？

一、场景写真

……

“一下子买这么多黑茶，我真不放心。虽说能增值，喝不完可以卖给别人，赚一笔差价，但你想一想，就算是能增值，我又能卖给谁呢？”客人问。

“身边的亲朋好友，都可以卖啊。”导购员说。

“我又不是做茶叶生意的，亲朋好友怎么会找我买茶？再说了，我思想很传统，如果他们来找我买茶，即使是原价卖，我都不好意思收他们的钱，怎么能高价卖给他们？”客人说。

“那么，您就先买了再说，以后再说以后的，反正放在家里也能增值。今天错过公司十周年庆促销，以后再来买就不可能打七折了，平常不是我们店会员，一般都不打折的，都是原价卖，即使是会员，也只能享受九折，今天非常难得。”导购员说。

“买这么多，堆在那里也麻烦，还得去‘照顾它’，我考虑考虑再说，谢谢你。”客人说。

……

二、问题诊断

场景中的导购员犯了三个错误。

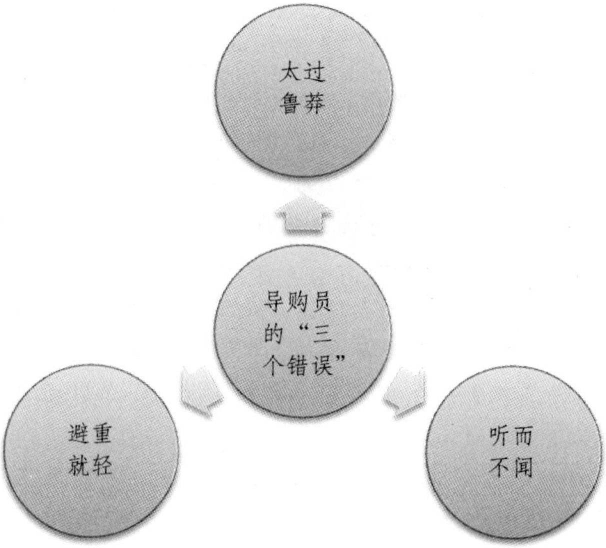

其一，太过鲁莽。客人担心卖不出去时，导购员在不知道客人性格的情况下，就直接建议其把茶叶卖给亲朋好友。如此鲁莽能说动客人吗？

其二，听而不闻。当客人说不好意思收朋友的钱，更不会赚朋友的钱时，导购员应该正面回答他的问题，但导购员却因为“无法回答”而听而不闻，避开了这个问题，直接要求客人“您就先买了再说，以后再说以后的”，理由还是以前的理由，“反正放在家里也能增值”。

其三，避重就轻。客人担心的是买多了浪费，而不是现在买了能够优惠，导购员却避重就轻，重点强调“七折”的难得，解决不了客人的根本顾虑。

三、说话模板

……

“茶很好喝，可一下子买这么多黑茶，我真不放心。虽说能增值，喝不完可以卖给别人，赚一笔差价，但你想一想，就算是能增值，我又能卖给谁呢？”客人问。

“您的担心是对的，虽说能增值，但要靠这个赚差价，就必须卖掉才行。我跟您推荐的的确不少，若是您一个人喝，的确够喝很多年。如果您想卖的话，身边的朋友会不会买是个问题。”导购员说。

“一般不大会买，因为他们知道我不是做茶叶生意的。而且，我这个人的思想很传统，如果他们来找我买茶，即使是原价卖，我也不好意思收他们的钱，更不会加价卖给他们了。”客人笑着说。

“您很重情义，我很佩服。其实，没有人买关系不大，虽然这些茶够您喝很多年，但茶越喝越健康，您过几年还是要买的，不如趁现在做活动低价多买点，这个机会很难得的。”导购员说。

“公司庆典每年都会有，有什么难得的?”客人问。

“说得对，公司庆典每年都会有，但今天是公司十周年庆促销，十年才一次，所以才会有七折的大促销。平常不是我们店会员，一般都不打折的，都是原价在卖，即使是会员，也只能享受九折，今天真的非常难得，我们也买了不少茶存在家里，留着慢慢喝，另外还送了一些给朋友。”导购员说。

“行，有道理，小妹，就按照你说的吧，我的亲朋好友也多，喝一喝，送一送，大家都健康，哈哈。”客人笑着说。

……

四、举一反三

不能忽视客人，也不能忽视客人的问题，即使你“无法回答”。

无论怎样，你都要正面回应客人的问题，肯定他言谈之中合理的成分，同时借助类比、延期解决等方式，一步步化解“无法回答”的问题，解决他的困惑。

情景 32　顾客要求额外配送赠品，我怎么说？

阅读前，我的处理方式

我这样说：____

____

主要原因：____

____

____

已经按照促销规则赠送了礼品，但顾客依然要求额外配送赠品，这时导购员应该怎么处理呢？

一、场景写真

……

“你看，我要买的茶叶加起来有 800 元了，你就送我一个煮茶器吧。”客人笑着说。

“不可以的，800 元只能获赠一套茶具，您要满 1000 元才能获赠煮茶器的。”导购员笑着说。

“我茶具不要，你帮我换成煮茶器就好了，我家里有不少茶具了，就差一个煮茶器。”客人坚持说。

“换不了的，还差 200 元才能送煮茶器，如果要赠送，差的 200 元需要我自己补上的，我又不能帮您垫 200 元。再说了，我一个月就挣那么点钱，想帮您也没能力帮呀。”导购员苦笑着说。

“也就差 200 元，你和领导商议一下，特殊处理一下就好。”客人依然坚持说。

“促销就是这么规定的，没办法改的，找领导也没用的，不然都去找领导特批了，有规定也没用了。要不您再买 200 元的茶，凑够 1000 元，就可以送您煮茶器了。”导购员说。

“算了，我再考虑考虑吧。”客人不大高兴地说。

二、问题诊断

场景中的导购员犯了四个错误。

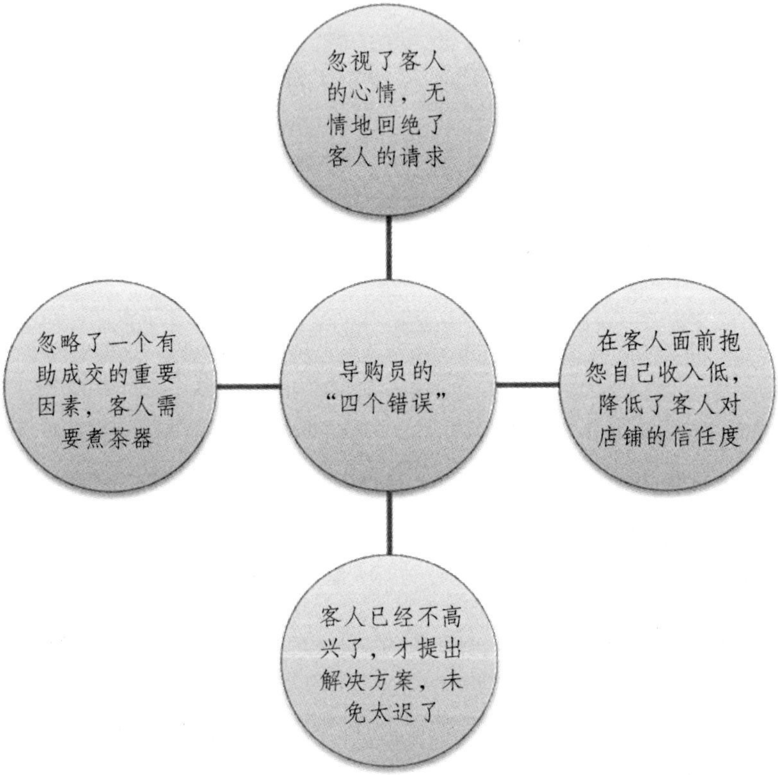

其一，忽视了客人的心情，无情地回绝了客人的请求。

其二，在客人面前抱怨自己的收入低，降低了客人对店铺的信任度。

其三，客人已经不高兴了，才提出解决方案，未免太迟了。

其四，忽略了一个有助成交的重要因素，客人需要煮茶器。导购员完全可以以此为突破口展开对话，帮助客人买到合适的茶。

三、破解策略

导购员看到的是 800 元与 1000 元之间还差 200 元，不能送煮茶器；客人看到的是 800 元比 500 元多了 300 元，只送茶具太亏了，等于是“浪费了 300 元”。所以客人心里有着 300 元的“损失感”。

因此，破解这一问题的关键在于，导购员要理解客人的“损失感”，然后一步步导向成交。

四、说话模板

……

“你看，我要买的茶叶加起来有800元了，你就送我一个煮茶器吧。”客人笑着说。

“美女，对不起，按照促销的规则，800元还不到1000元，暂时不能获赠煮茶器的，但可以送您一套茶具。”导购员笑着说。

“我茶具不要，你帮我换成煮茶器就好了，我家里有不少茶具了，就差一个煮茶器。”客人坚持说。

“真对不起，换是不能换的，不过，您正好缺一个煮茶器，可以这样，我们的煮茶器市场价是258元，你可以再买200元的茶，这样就相当于您花了200元，同时获得了价值200元的茶和价值258元的煮茶器，还是挺划算的，你说呢?”导购员笑着说。

“这个建议挺好，也就是200元的事情，很划算，不难为你了。谢谢。小妹，帮我推荐一盒合适的茶。”客人开心地说。

“别客气，美女。”导购员笑着说。

……

五、举一反三

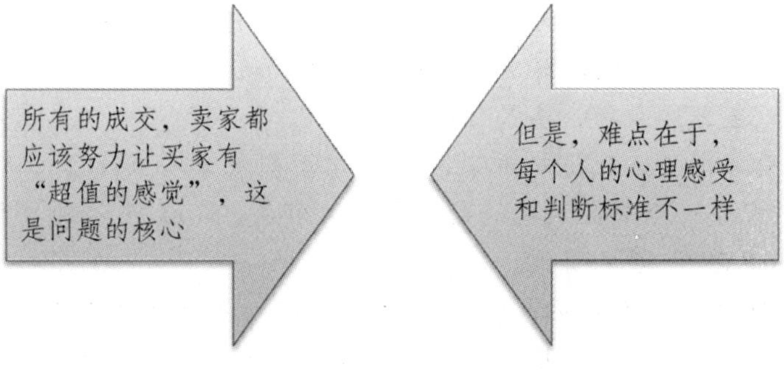

所有的成交，卖家都应该努力让买家有“超值的感觉”，这是问题的核心。

所以，运用这个规律举一反三的基础是，你要与客人多多交流，了解客人在乎什么，什么才是他认可的“超值”，然后，你给予他本人在乎的“超值”，让成交变为水到渠成。

情景33 突然发现赠品意外用完时，我怎么说？

阅读前，我的处理方式

我这样说：______________________________

____

主要原因：______________________________

____

____

经过一番服务和沟通，眼看顾客要下单了，却发现赠品意外用完了，这时候应该怎么处理呢？

一、场景写真

……

“您稍等，我去拿一下赠品。”导购员说。

“好的，谢谢。”客人说。

过了两三分钟，导购员面带失望地走了出来。但她仍微笑地说：“美女，真对不起，赠品送完了，我刚刚才知道。”

“哦，怎么这么巧，辛苦你再找找看。”客人说。

“不用再找了，我想起来了，可能昨天有位客人买了很多茶，赠品一下子送完了。这赠品质量一般，也不大好看，不值什么钱，主要还是买茶，您说呢？”导购员说。

“你刚刚不是说赠品的质量挺好吗？说是正宗的景德镇瓷器，我看了图片上的这套茶具，我正好非常喜欢，家里也碰巧需要一套茶具。”客人说。

“其实，也就是一般的景德镇瓷器，您从网上买一套，也花不了多少钱。”导购员说。

“也不只是钱的问题，网上买还要花时间。”客人说。

“花不了多少时间，随便上个网，淘一个不就行了，没那么复杂。您还是先买了茶，回家再买茶具吧。”导购员说。

“谢谢，我考虑考虑，逛一逛再说吧。”说完客人就走了。

二、问题诊断

蚂蚁绊倒大象，并不一定是传说，就像场景中的导购员，说好有赠品，却在即将成交时，又发现赠品没了。若能好好解释，也能化解，但其犯了三个错误。

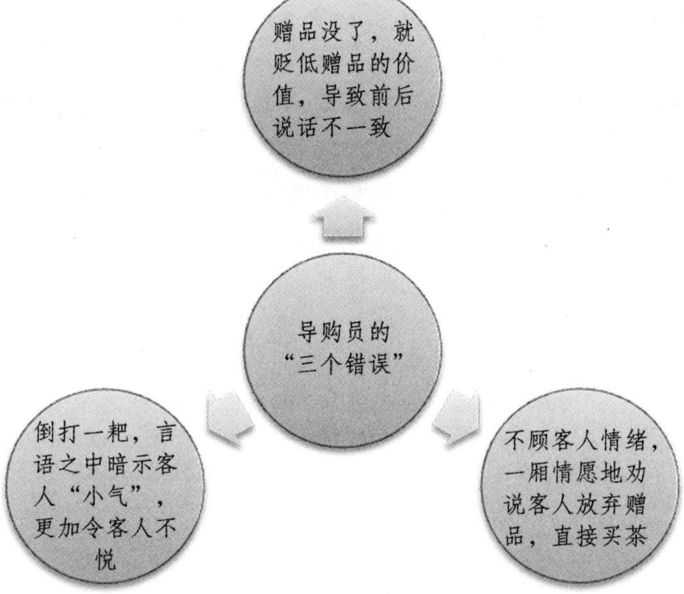

其一，赠品没了，就贬低赠品的价值，导致前后说话不一致。例如，导购员说，“这赠品质量一般，也不大好看”，客人说“你刚刚不是说赠品的质量挺好吗”，还提醒导购员曾经“说是正宗的景德镇瓷器”。

其二，不顾客人情绪，一厢情愿地劝说客人放弃赠品，直接买茶。

其三，倒打一耙，言语之中暗示客人“小气”，更加令客人不悦。

三、说话模板

……

“您稍等，我去拿一下赠品。”导购员说。

“好的，谢谢。”客人说。

过了两三分钟，导购员面带失望地走了出来。但她仍微笑地说：“美女，真对不起，赠品送完了，我刚刚才知道。”

“哦，怎么这么巧，辛苦你再找找看。”客人说。

"不用再找了，我想起来了，可能昨天有位客人买了很多茶，赠品一下子送完了。这是我们的问题，昨天就应该通知公司补一下赠品，以避免这样的尴尬状况，真对不起。"导购员愧疚地说。

"没关系，你说是正宗的景德镇瓷器，我看了图片上的这套茶具，我正好非常喜欢，家里也碰巧需要一套茶具，不然就不要了，也就是一套茶具而已，做生意都不容易。"客人笑着说。

"对不起，美女，您看这样行不行，如果您不着急，辛苦您明天路过的时候再买，明天茶具一定到，或者您今天先买茶，明天我把茶具快递给您？"导购员笑着问。

"谢谢，小妹，我先买茶，茶具就麻烦你快递了，因为我明天要出差。"客人笑着说。

"不麻烦，美女，是我们的疏漏，谢谢您的理解。"导购员笑着说。

……

四、举一反三

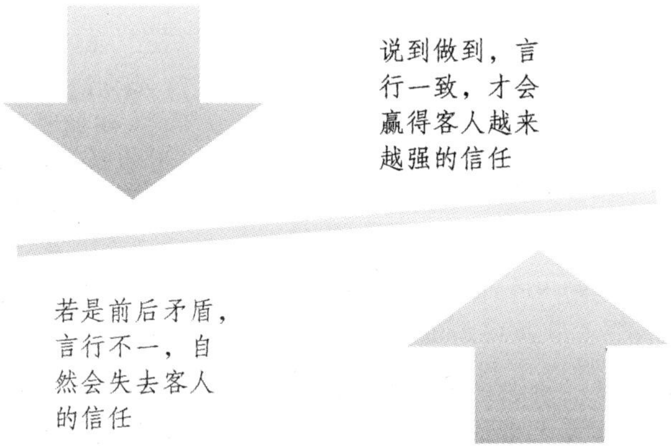

说到做到，言行一致，才会赢得客人越来越强的信任；若是前后矛盾，言行不一，自然会失去客人的信任。

场景中的例子是，前面说好的有赠品，还没买单就变样了，实际销售过程中类似的例子很多，比如，说好有折扣的，突然没有了；又如，说好明天发货的，突然延后了；等等。

人都会做错事，也都会说错话，并且天有不测风云，的确会有意料不到的突发事件，但讲明原因，承担责任，给出合理的替代方案，就能够重新赢得信任。

情景 34　好久没来的顾客突然上门，我怎么说？

阅读前，我的处理方式

我这样说：____

____

主要原因：____

____

____

客人经常进店，生意才可能越做越好，我们都希望客人经常进店。如果好久没来的顾客突然上门，应该怎么说呢？

一、场景写真

……

“张总，您好久没来喝茶了，是不是趁着年底，照顾照顾小妹的生意？”导购员笑着说。

“哈哈，这么说我都不好意思不买了。”客人笑着说。

“您是大忙人，这么久没来，一定是打算买茶，不会是进来随便坐坐的。”导购员说。

“我还真是随便坐坐的，今天抽空送儿子到楼上学跆拳道，我到这里来喝喝茶，歇一歇。”客人说。

……

二、问题诊断

场景中的导购员看似客客气气，却一眼就盯住了张总的腰包。

张总明确拒绝时，导购员是否很尴尬，让自己难以下台。本来可以巩固的客情关系反而遭遇了危机，非常可惜！

三、破解策略

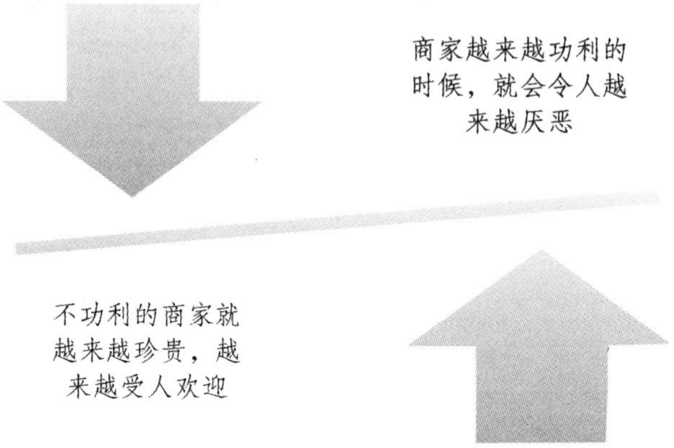

商家越来越功利的时候，就会令人越来越厌恶，不功利的商家就越来越珍贵，越来越受人欢迎。

很显然，破解这一问题的关键在于“不功利”，即，把客人当作有血有肉的人，需要情感交流的人，而不只是一个“拿钱买茶”的人。

四、说话模板

……

“张总，好久没来喝茶了，最近在忙什么？”导购员笑着说。

“没那么忙，主要是不顺路。”客人笑着说。

“正好最近刚到了几款新品，您来鉴赏一下。”导购员说。

“抬举了，今天抽空送儿子到楼上学跆拳道，我溜到这里来喝喝茶，歇一歇。”客人笑着说。

“太好了，这里还有新到的龙井核桃酥，待会儿带给您家宝贝，就说茶叶店阿姨送的，他一定会喜欢，嘿嘿。”导购员笑着说。

“谢谢，小妹真细心。”客人笑着说。

“别客气，张总，谢谢您才对，一直照顾我们的生意！”导购员笑着说。

“客气了！”客人笑着说。

……

五、举一反三

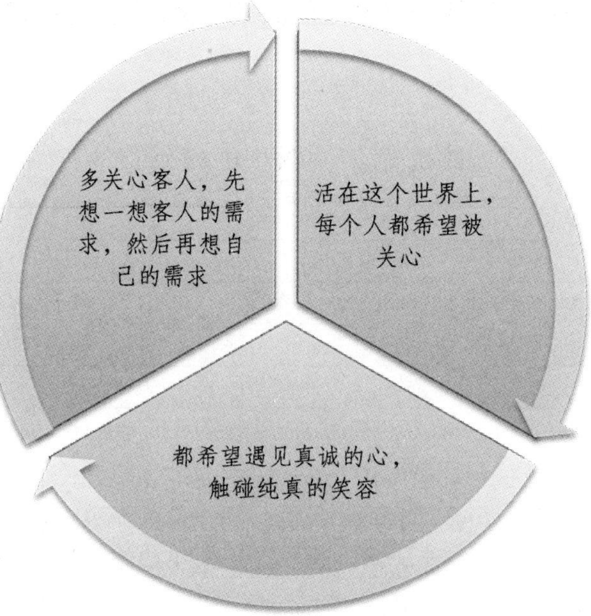

活在这个世界上，每个人都希望被关心，都希望遇见真诚的心，触碰纯真的笑容。

多关心客人，先想一想客人的需求，然后再想自己的需求。既然是老顾客，对产品一定有一些了解，你还要努力让客人对你这个人多一些了解，建立更好的客情关系，后面的成交不仅水到渠成，而且成交的金额也会越来越大。

情景 35　顾客边买单边抱怨时，我怎么说？

阅读前，我的处理方式

我这样说：________________

____

主要原因：________________

____

____

有时顾客没有100％满意，甚至还有一点点不爽，但迫于急需，还是不大情愿地下了单，于是就出现了“边买单边抱怨”的情况，这时应该怎么办呢？

一、场景写真

……

“算了，先买两盒急用吧，刷卡，这茶叶包装总感觉档次不够，设计感不强。”客人一边抱怨，一边把银行卡递给导购员。

“跟您说了十遍了，这价位就这样的包装，性价比超高了，美女您怎么不相信呢？”导购员边说边接过银行卡。

“不是不信你，这明摆着是设计感不强，肯定是你们公司的眼光问题。”客人抱怨说。

“美女，这价位您还要求这么多，是您自己的眼光有问题吧，美女？”导购员一边说，一边准备刷卡。

“小妹，你怎么能这样说话？！算了，你把卡给我，我不买了。”客人说完就伸出手欲拿卡。

二、问题诊断

为什么煮熟的鸭子又飞走了？

第一，从表面上看，导购员太不给客人面子，一味指责客人。

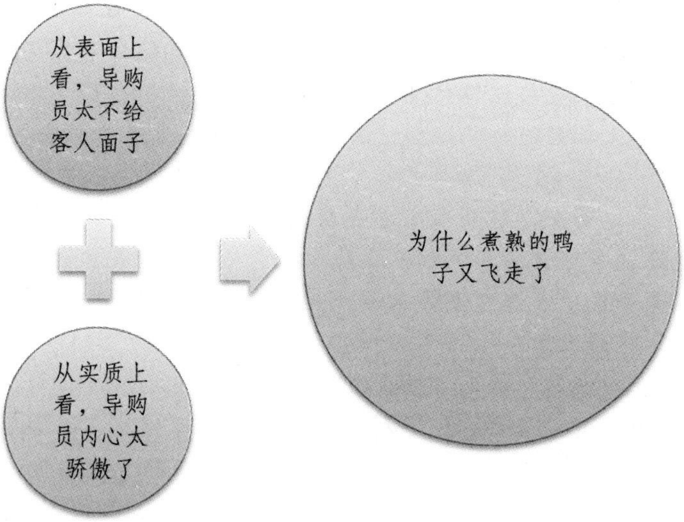

第二，从实质上看，导购员内心太骄傲了。人很容易得意忘形，尤其是当其自以为可以“垄断”某种商品的时候，更容易忘记自己几斤几两，仿佛客人没选择余地。错了，无论何时，客人都有第二种选择，那就是“不选择你”。

三、破解策略

破解这一问题的关键在于发自内心地为客人着想，真正理解客人的抱怨，然后进行沟通，耐心地“抚平”客人的情绪，尽力让客人心情愉快地买单。

这样做，不仅是为了这一次成交，还要为客情关系打基础，让客人真正感受到你的诚意和品质。

四、说话模板

……

“算了，先买两盒急用吧，刷卡，这茶叶包装总感觉档次不够，设计感不强。”客人一边抱怨，一边把银行卡递给导购员。

“是的，美女，不好意思，如果不是您急用，我也希望您等几天，我们会有一批新产品上市，性价比也挺高的，或许您会喜欢那样的设计感。”导购员边说边接过银行卡。

“哎，急用就只能将就这个包装了，我这个人也是很挑剔的。”客人抱怨说。

“没关系，美女，您要求高才会挑剔，这对我们来说是一个进步的机会。现在竞争这么激烈，都不给我们提意见，我们就危险了。真应该谢谢你，美女，以后您可要常来喝喝茶，为我们多提提意见啊！”导购员一边说，一边准备刷卡。

“小妹真理解人，你真不嫌我烦？”客人笑着说。

“哪有啊，美女，忠言逆耳利于行，不然就像温水煮青蛙，迟早会被煮死的。”小妹笑着说。

……

五、心灵茶汤：“中秋茶叶销量”由劳动节决定

中秋节前夕，很多客户提出，中秋节应该做什么活动，才能快速提高茶叶销量。我们在这里谈两个重要的思路，以期帮助茶商提高茶叶销售业绩。

第一，中秋节的茶叶销量，实际上是由五一劳动节决定的。

为什么？

所有的促销都要有基础。例如，同样的方案，同样的人员配备，同样的顾客数量基础，同样的店铺环境，让天福茗茶和某个不知名的品牌来做，结果一定不一样！因为，品牌带来的信任度不一样！

换言之，在中秋节来临之前，你就要明确你的品牌定位，让品牌优势生动化呈现，一步步把你的品牌形象做好。同时，你也要把顾客服务好，打好顾客基础，维护好客情，才能在节日来临的时候，踢出一个漂亮的“临门一脚”。

看到问题背后的问题，才能轻松解决。以此类推，中秋节前后到元旦，客情维护好了，元旦或春节的业绩一定不会差。

第二，中秋节没来之前，围绕顾客这一“中心”，你还可以做五件事。

其一，盘点你现有的顾客数量，分析顾客特征，看看哪些顾客需要重点去开发，然后去重点做。注意，没有精确数据也要盘点，至少做了比不做强。

其二，站在中秋节的角度，抓住中秋消费的“团圆”“面子”等特征，重新分析自己的产品，结合顾客特征制定两套促销方案，一套是老顾客，一套是新顾客，二者要和谐、平衡。

其三，重点是增加有效顾客的数量，看看有没有可以资源共享的品牌，然后选择适合自己的进行跨界联盟。

其四，注意促销活动的一致性，老板、高管、店长和员工等等，都要有统一的认识。

其五，执行过程中的细节，从产品、赠品到话术，必须严格进行培训。

情景 36　顾客说其他店更便宜时，我怎么说？

阅读前，我的处理方式

我这样说：____

____

主要原因：____

____

____

能找到更便宜的，谁不想买更便宜的，但是，当顾客在你面前说其他店更便宜时，你该怎么说呢？

一、场景写真

……

"你们的茶太贵了，其他店比你便宜。"客人说。

"给您八八折，已经很优惠了，不贵了。"导购员说。

"其他店，原价卖得都比你家便宜。"客人说。

"那您到他们家买吧，我们家只能八八折了。"导购员说。

"好，又不是买不到茶。"客人赌着气说，扭头就走。

……

二、问题诊断

客人说其他店更便宜，一般有两种情况。

其一，其他店真的比你家便宜。客人这样说，主要是想让你看在别人家更便宜的"面子上"，尽力降价。

其二，其他店的价格，客人并不清楚。客人这样说，仅仅是随口说说而已，诈一诈你，主要目的也是想让你降价。

就场景中的对话而言，可以初步判断客人属于第一种，目的是希望导购员能够在八八折的基础上，给予更大的优惠。

很可惜，导购员不仅不能给出更大的优惠，还很傲慢地说什么“那您到他们家买吧”，试想，这句话吓到谁呢？客人还愁买不到茶吗？

这样说，无异于把客人扫地出门。

三、说话模板

【模板一】

……

“你们家的茶太贵了，其他店比你便宜。”客人说。

“是的，好多人都提过类似的问题，您能具体说说吗？”导购员笑着问。

“我也没深入了解过，尝了尝，口感与你们家不一样，价格上优惠些。”客人说。

“您的这种感觉很多人都有，同品种的茶，不同厂家制作口味差别很大，价格当然也有差异。暂且不说谁家质量好，您更喜欢哪家的茶呢？”导购员笑着说。

“挺喜欢你们家口感的，就是比其他店贵了点。”客人说。

“就说这款肉桂吧，产自武夷山正岩区，而且是非遗传承人亲自监制，口味特好，与您尝过的其他同类产品明显味道不同。如果您现在做不了决定，您可以再去其他店尝一尝，对比一下，然后再决定，买谁家的都没关系，关键是自己喜欢。”导购员笑着说。

“不用了，呵呵，就买你们家的了。”客人笑着说。

……

【模板二】

……

“你们的茶太贵了，其他店比你便宜。”客人说。

“是的，好多人都提过类似的问题，您能具体说说吗？”导购员笑着问。

“我是听朋友说的，他们买的大红袍500元一斤，你们家的大红袍要800元一斤。”

“哦，我能理解您的心情，这种情况经常有，还有客人说过300元一斤的，看起来都差不多，喝起来差别就大了。”

“是啊，茶真复杂，不知道好坏啊！”客人说。

“实际上也没那么复杂，对比一下就知道了。”导购员说。

“有道理。”客人插话说。

“觉得价位合适的话，您就买自己喜欢的那一款。”导购员说。

“是的。”客人笑着点头说。

“所以，我建议您先别买，去朋友说的那一家看一看、品一品，然后再做决定。”导购员说。

“哈哈，一斤茶而已，今天不用比了，先买点喝一喝，又不是买房子，有机会再比也不迟。”客人笑着说。

……

四、举一反三

买卖过程不是斗气的过程，无论是什么原因，只要是客人生气了，你就要想办法化解客人的怒气。

即使是迫不得已，“以暴制暴”，即，用你的脾气去“化解”客人的脾气，你也要让自己的脾气在可控范围之内。你一定要时时刻刻提醒自己，我们是在帮助客人买茶。

情景37　顾客说“过头话”时，我怎么说？

阅读前，我的处理方式

我这样说：________________________________

____

主要原因：________________________________

____

____

人性有美丽的一面，也有丑陋的一面。

当客人不分场合，说一些“过头话”，露出极度丑陋的那一面时，导购员应该如何处理呢？

一、场景写真

……

“小妹，我发现做茶的小女孩气质都很好。”客人笑着说。

“谢谢，茶能修身养性，经常喝茶确实能改变一个人的气质。”导购员笑着说。

“原来是这样！今晚，我们有很多客户聚会，你陪我去，我帮你说服他们都来买你的茶。”客人笑着说，表情里夹杂着令人厌恶的猥琐。

“这个不行，我跟您又不熟悉，去了不合适。”导购员说。

“你的意思是熟悉了，就可以陪我去？”客人紧跟着问。

“也不是，那种乱七八糟的场合，不是我该去的，我们主要是在茶叶店里卖茶。”导购员迫不得已地说。

“什么乱七八糟的？我们都是正儿八经做生意的！”客人愤怒地说。

“没说您不是正儿八经做生意，我们主要在店里卖茶。”导购员不知所措地说。

“榆木脑袋，我看你肯定做不好生意。”客人说完就走了。

……

二、问题诊断

还是那句俗话，林子大了什么鸟都有。

有些人，一旦有点钱，就会觉得了不起，似乎什么都得听自己的。看到喜欢的女孩，就想着要占便宜。这种现象，茶叶店里并不少见。

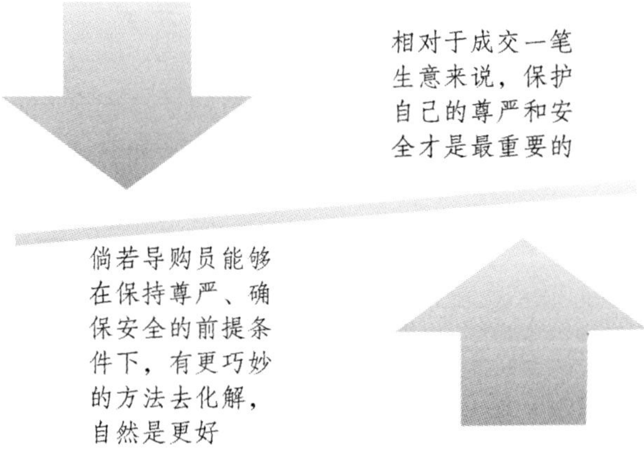

场景中导购员的回答不能说错，毕竟，相对于成交一笔生意来说，保护自己的尊严和安全才是最重要的。

但是，倘若导购员能够在保持尊严、确保安全的前提条件下，有更巧妙的方法去破除某些顾客猥琐的念头，让客人回归到“买茶”上，自然是更好。

三、说话模板

……

“小妹，我发现做茶的小女孩气质都很好。”客人笑着说。

“谢谢，茶能修身养性，经常喝茶确实能改变一个人的气质。”导购员笑着说。

“原来是这样！今晚，我们有很多客户聚会，你陪我去，我帮你说服他们都来买你的茶。”客人笑着说，表情里夹杂着令人厌恶的猥琐。

“好啊，这么好的机会，太谢谢您了。可惜我没有福气去啊，晚上要准备茶艺师考试，时间太赶了。”导购员说。

“你的意思是今晚没时间？”客人紧跟着问。

“是的，今晚没时间。再说，那样的大场合，我也不敢去，因为去了也不会说话。我只适合在店里泡泡茶，卖卖茶。谢谢您的好意。”导购员听出了客人的弦外之音，笑着说。

“你很努力。”客人一边说，一边勉强地笑了笑，夹杂着一丝丝尴尬。

“不努力不行啊，我是农村出来的，爸妈从小就教育我们，一是要走正道，二是要多努力，坚持下去，一定会有好结果的。”导购员大大方方地望着客人，笑着说。

“说得对，难怪气质这么好。”客人感叹道。

“谢谢夸奖，经常喝茶，经常读书，人的气质就能越变越好。您现在喝的这款茶，适合放在办公室品。”导购员笑着说。

“好，装两盒吧。”客人笑着说。

……

四、举一反三

俗话说，只许你不仁，不许我不义。

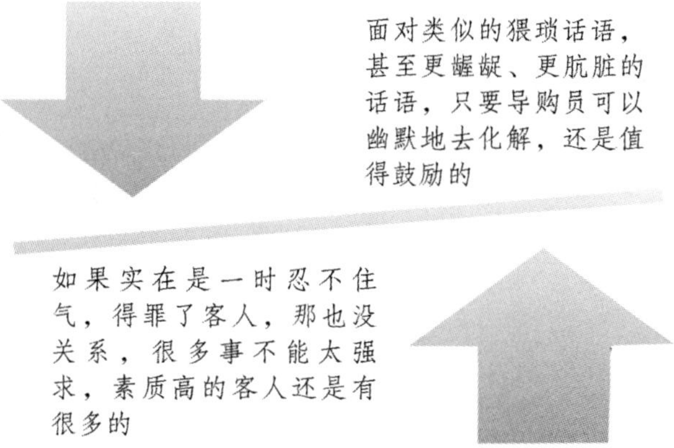

毕竟茶叶店是开在光天化日之下，所以，面对类似的猥琐话语，甚至更龌龊、更肮脏的话语，只要导购员可以幽默地去化解，还是值得鼓励的。

如果实在是一时忍不住气，得罪了客人，那也没关系，海阔凭鱼跃，天高任鸟飞，很多事不能太强求，素质高的客人还是有很多的。

无论怎样，都请注意，万万不可心存侥幸，贪恋一时的业绩，而葬送了自己的一生！

下　编

“走敬”顾客

情景 38　顾客说搞活动再买时，我怎么说？

阅读前，我的处理方式

我这样说：____

____

主要原因：____

____

____

顾客麻木了，要加倍刺激！

活动愈来愈多，力度越来越大，于是，不搞活动时，顾客的心态很多都是“搞活动再买”吧，这个时候该怎么办呢？

一、场景写真

……

“美女，点评点评这款祁门红茶。”导购员笑着说。

“我不是专家，说不出什么道理来，但很喜欢这款红茶。”客人笑着说。

“喜欢就好，打算买几盒？”导购员问。

“今天不买了，等双十一。”客人说。

“双十一只是个噱头，现在买也有折扣的，八八折，双十一那天我们不可能打对折，最多也就是七五折，不可能比七五折更低。”导购员说。

“那还是要便宜些。”客人说。

“那么，美女，您看今天距离双十一还有一些时间，您今天就少买些回家喝，一盒也行。”导购员坚持说。

“不着急，双十一再一起买吧。”客人说完，就摆出要走的姿势……

二、问题诊断

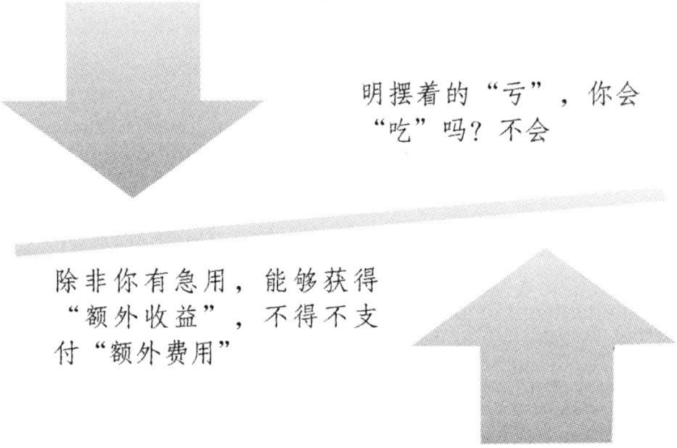

明摆着的“亏”，你会“吃”吗？不会！

除非你有急用，能够获得“额外收益”，不得不支付“额外费用”。

但场景中的客人没有急用，非常明确地表示“不着急”，导购员为何要自己打自己嘴巴，贬低双十一是个噱头，急着让她马上买呢？

成不成交，这个决定权要交给客人。

导购员能做的是把产品介绍到位，并就客人的疑问给予耐心的解答，帮助客人更清晰地判断自己该买什么茶，以及该在什么时候买。

三、破解策略

不花冤枉钱，这是人之常情。

破解这一问题的关键是，你要真正理解这种心理，肯定客人的选择，并与客人展开初步的情感沟通，让客人对店铺有个好印象，然后在双十一那天下单。

四、说话模板

……

“美女，点评点评这款祁门红茶。”导购员笑着说。

“我不是专家，说不出什么道理来，但很喜欢这款红茶。”客人笑着说。

“谢谢美女肯定，自己喜欢就好，今天您要不要顺便买些茶？”导购员笑着问。

"今天就不买了，等双十一吧。"客人笑着说。

"好的，美女，如果您没有急用的话，就等双十一吧，能省一点是一点，现在挣钱都不容易，没必要浪费。当然，如果急用的话，可以考虑。今天是八八折，双十一那天我们估计是七五折，有13%的折扣啊。"导购员笑着说。

"谢谢，我还真有急用，后天要给老同学准备个伴手礼，本打算去商场买眼霜，干脆买两盒茶叶给她，的确应该多喝茶。"

"好的，真爽快！"导购员笑着说。

"也就是两盒茶！"客人爽朗地笑着说。

……

五、举一反三

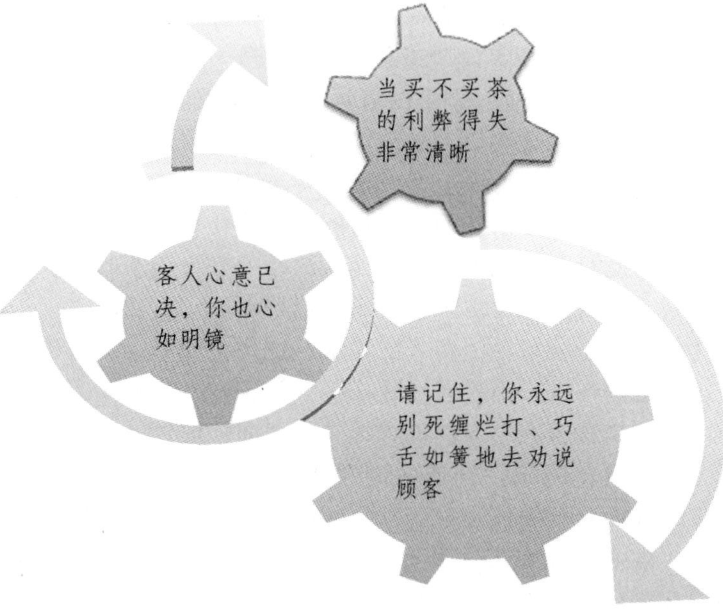

当买不买茶的利弊得失非常清晰，客人心意已决，你也心如明镜时，请记住，就别死缠烂打、巧舌如簧地去劝说顾客。相反，你要顺着客人的心意，真心实意地帮助他省钱，以建立更加紧密的客情关系，让未来的成交水到渠成。

当然，若能结合店铺实际情况，做一些回馈顾客的创新，趁早赢得顾客的心，效果自然会更好。

六、心灵茶汤：大环境变了，茶叶销售怎么做？

中国茶业环境变化了，那么，茶叶销售应该如何应对环境变化呢？

首先，决策者要认识到改进销售策略的迫切性，立即增强改进茶叶销售策略的决心。茶叶销售的环境变了，卖茶方法也应该跟着改进。决策者自然要把人脑的“芯片”升级或更新，就像电脑芯片升级一样。一旦你偷懒了，担心升级需要提高成本，不想去更换“芯片”，你应对市场的“速度”一定会降低，落后乃至被淘汰都是意料之中的事。

这种改进或升级必须是精确、持续而又系统的，单单靠微信或微博，单单靠一组新包装、一个发布会，单单靠一个明星、一组广告，单单靠一次展会亮相、一种渠道创新，就想去迎战环境，适应变化，顺利销售茶叶，只能是闭门造车、痴人说梦。

中国茶叶界都应站在消费者的角度去改进，一步一步转变思维，诸如把“卖茶思维”转变为“买茶思维”，把“一元思维”转变为“复合思维”，然后把“心思”安放在消费者那里，瞄准消费者的综合需求去开发产品，去沟通交流，去做销售展示和售后服务，自始至终地忠诚于消费者，而不能一厢情愿地苛求消费者忠于自己或品牌。

其次，要搞清楚茶叶销售成功的关键是什么。透过现象看本质，茶叶销售的本质是关爱他人、满足他人的相关需求。茶叶销售成功的关键是先发现消费者的综合需求，再满足消费者的综合需求。

为什么一定要重视消费者的需求？道理很简单，倘若你的茶叶满足不了消费者的需求，消费者凭什么买你的茶叶？这是卖家与买家交易的本质。当然，这里有个大前提，你一定要实话实说，不要说谎。不要为了满足消费者的需求，就死的说成活的，把茶叶吹嘘得“包你满意”。这是做人和做事的底线，触犯这个底线的必将在新环境中遭到严惩。

消费者的综合需求是什么？知人者智，自知者明，在回答这一问题之前，决策者及处于销售一线的人都要明白，并不是所有的消费者都清楚了解自己的需求。你也不一定能时时刻刻看清楚，尤其是面对一群复杂消费者的时候，诸如大客户的综合需求，通常是错综复杂。所以，你要有意识地去分解、分解、再分解，提问、提问、再提问，有计划、有策略地去发现消费者的综合需求，理清消费者的综合需求，然后逐步满足消费者的综合需求。

一旦你“更”了解消费者的综合需求，“更”能满足消费者的综合需求，消费者也在沟通交流中发现了这一点、认可了这一点并相信了这一点，那么，最终成交的一定是你。若是你做不到这些，没有成交，一定要反求诸己，全过程反思，彻底搞清楚自己在哪里失败了，并在那里找到改进的方法，谨防以后再次失败。

如果你找到失败原因，但又不知道如何改进，那就说明你找到的原因不够清晰，一定要继续分解，继续分析，直到可以改变为止。失败了一定有原因，不管是什么原因，大的也好，小的也好，你都要坚持找到可以扭转败局的原因。这是你提高销售成功率最快的路径，也是一个茶企茶商乃至地方政府必须长期走好的路径。

再次，价格的重要性众所周知，尤其是环境改变了，大家很着急，似乎只要是价格低就能解决问题。但价格从来不是一降就灵，茶叶界千万不要盲目进行价格战，要看到隐藏在价格背后的一系列问题。消费者爱的不是便宜，爱的是占便宜，这一点很多茶企茶商都知道。更何况，没有品牌作基础的价格战，缺乏有效价格体系作支撑的价格战，丧失权威标准作基础的价格战，一定很难取得预期效果。

如果茶叶价格之外的因素没有差异化，茶叶价格就是最大的差异化。消费者关注茶叶价格没有错，只不过关注时参考的具体标准不一样，购买比较时参考的价格数字也不一样。茶企茶商不应该在背后指责消费者，而应该反思自己的责任，找出品牌的差异化，不断强化茶叶品牌。同时，又要在销售过程中生动展示产品和服务的差异化，以及其他有用的差异化，以促进茶叶销售。

无论环境怎么改变，茶叶品牌的种种优势都要在销售中展示出来，才能算是真正的品牌优势。所以，各类茶商都要持续提高茶叶销售能力。否则，不会卖茶，一切为零！

情景39 顾客要货比三家时，我怎么说？

阅读前，我的处理方式

我这样说：____

____

主要原因：____

____

____

俗话说货比三家不吃亏，真要碰到顾客要货比三家时，导购员应该怎么处理呢？

一、场景写真

……

“美女，这个茶送客户可以吗？”导购员笑着问。

“很特别的香味，挺好，挺有特色。”客人回答。

“谢谢美女肯定，您看，今天需要几盒？”导购员笑着问。

“暂时还不能定，我还想去其他家看看。”客人笑着说。

“不用看了，美女，您这么喜欢，客户一定也会喜欢的。”导购员说。

“不一定，送客户不能粗心大意。”客人说。

“客户一定会喜欢的，其他家的茶，不可能有这样的香味，送客户肯定很有面子。”导购员说。

“那不一定，这条街上茶叶店很多，我之前买过的几家也不错。”客人说着，有些不悦。

……

二、问题诊断

场景中的导购员犯了三个错误。

其一，直接否定了客人“货比三家”的念头。

其二，盲目断定客人的送礼对象一定满意，显然是不够稳重。

其三，过度肯定自己，否定别人家的特色。

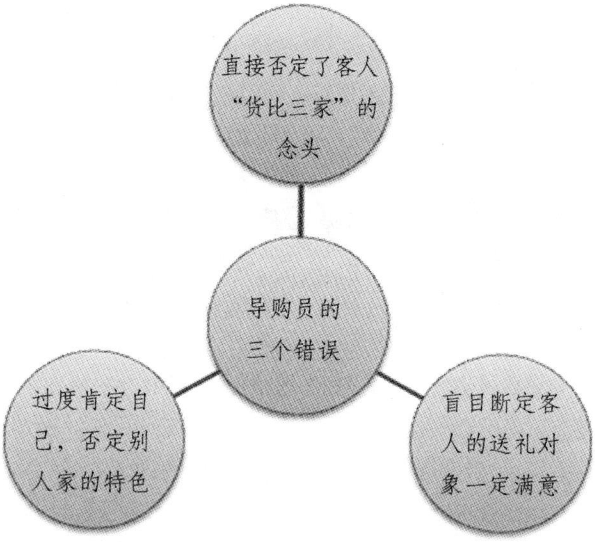

三、说话模板

……

“美女，这个茶送客户可以吗?”导购员笑着问。

“很特别的香味，挺好，挺有特色。”客人回答。

“谢谢美女肯定，您看，今天需要几盒?”导购员笑着问。

“暂时还不能定，我还想去其他家看看。”客人笑着说。

“好啊，美女，多比较比较更放心。这条街上很多家，每家都有自己的特色，要不要我帮您介绍一下。”导购员笑着说。

“不用，谢谢，我也比较了解，你们家也很有特色，刚刚喝的茶，我挺喜欢。”客人笑着说。

“不用谢，美女，您喜欢这个茶，我能不能请教您一下?”导购员笑着问。

“哪里用请教，我是外行，只是喜欢而已，你尽管说。”客人笑着说。

“您说要去其他家看看，肯定是我哪些方面没做好，或者说这个茶还有一些不足的地方，能不能有劳您说说，我们继续改进，才能把茶做得更好，同时我也能改正缺点，提高自己的职业素质。”导购员真诚地说。

“你说得太严重了，并没什么大问题。我之前在其他家买过，还没在你们家买过，有点儿担心你们的香味是不是加了香精什么的，毕竟是送客户，很重要，但只是有一点儿担心而已，没那么严重。”客人笑着说。

“哦，对不起，我忘记告诉您了，我们专业做茶二十多年了，这个香味是老板最新研发出来的，您可以到我们的网站上核实一下。另外，如果我们有添加香精的话，假一赔十，您看我们的宣传册上也有承诺，您可以拿一本回去看看，当作证据也行。”导购员一边笑着说，一边把宣传册递给客人。

“当证据就不用了，我买三盒，你在每个手提袋里放一本吧，谢谢。”客人笑着说。

“不用谢，美女，我应该谢谢您的信任才对。”导购员笑着说。

……

四、举一反三

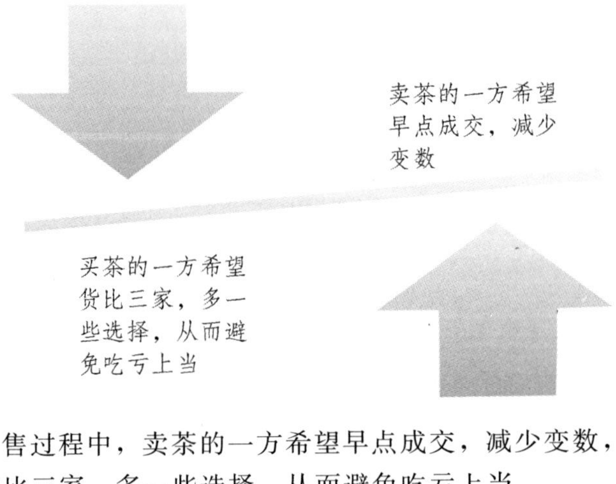

茶叶销售过程中，卖茶的一方希望早点成交，减少变数，而买茶的一方希望货比三家，多一些选择，从而避免吃亏上当。

这是一对矛盾，但可以调和，关键在于针对客人担心的“吃亏原因”，消除可能导致“客人吃亏”的因素，从而消除客人的顾虑，快速导向成交。

五、心灵茶汤：野生模式下，茶商要有八大思维

第一，用户思维。从产品到销售沟通，都要站在消费者的角度，也就是用户的角度去思考。

第二，产品思维。产品是1，其他都是0，茶商必须做好产品，尽管当前还有不少鱼目混珠现象，但移动互联网时代，鱼目混珠的市场会越来越小。

第三，免费思维。免费不仅仅是免费喝茶，还要认识到顾客的价值，从而让免费的力量无穷大。

第四，社群思维。品牌的人格化，会吸引一批志同道合的消费者，自然就会形成社群，对茶商来说，若是主动去管理和引导，则会产生更大的价值。

第五，小数据思维。大数据固然重要，“小数据”也不应忽视，茶商要分析自己的顾客，把这些“小数据”分析好，把握好消费者的特征，则更容易产生大业绩。

第六，自媒体思维。不仅仅是运营公众号或头条号，一切相关的人和物，都是茶商的“自媒体”，媒体的具体内容，都必须在统一的品牌规划下展示。

第七，跨界思维。互联网摧毁了很多边界，有形的无形的都有，茶商要跳出茶来做茶，就像茶和奶跨界，有了畅销品奶茶一样，茶商需要一系列跨界思考和方法。

第八，平台思维。茶商无论大小，都要将自己看作员工和顾客的互动平台，而互动的媒介之一是茶叶。平台有大有小，关键是思维模式要从传统的雇佣思维中走出来。

而这八大思维的核心都是消费者。照顾好消费者，才有茶商的一切；失去了消费者，茶商终将一无所有。

情景40　顾客要买的茶没有时，我怎么说？

阅读前，我的处理方式

我这样说：____

____

主要原因：____

____

____

货卖堆山，这是老俗话，表明货源的重要性。

实际上，受到资金、眼光、魄力、补货速度和仓储的影响，以及消费者需求的复杂性，很多茶叶店不可能完全保障货品能够满足消费者的需求。

于是，顾客走进茶叶店了，很想买一种茶，店里却没有，这时应该如何处理呢？

一、场景写真

……

“小妹，有正山小种吗？”客人问。

“没有，刚刚卖完了，过些天就能上货，要不您看看大红袍，都是武夷山产的，价格也不高，岩味很足。”导购员笑着说。

“哦，谢谢，不用了，我再逛逛。”客人笑着说。

“不用谢，需要的时候再来。”导购员笑着说。

……

二、问题诊断

场景中的导购员态度非常客气，说话很有礼貌，有错吗？有。

其一，太过主观，猜测错误。客人想买正山小种，并不代表他就想买武夷山的茶，所以，听了她推荐大红袍之后，客人说“不用了”。

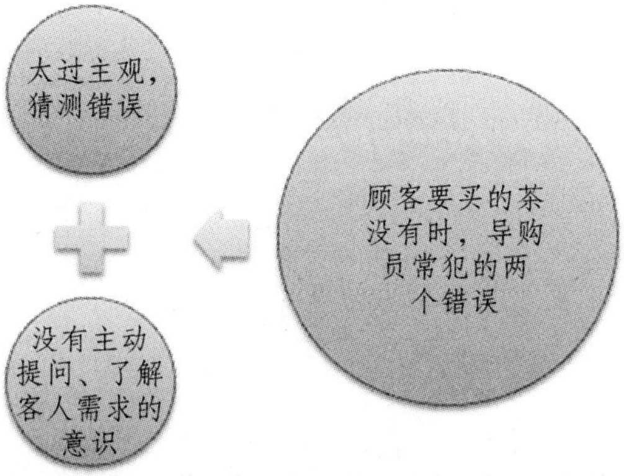

其二，没有主动提问、了解需求的意识。既然猜错了，为什么不去问问客人呢？问了不一定有答案，但不问的话，一定没有答案。

三、说话模板

……

“小妹，有正山小种吗？”客人问。

“没有，刚刚卖完了，过些天就能上货。能不能问问您，急着买正山小种吗？”导购员笑着问。

“是的，明天回家，要给妈妈带点红茶。”客人笑着说。

“哦，您真孝顺，一定要买红茶吗？”导购员笑着说。

“是的，我妈妈喜欢喝红茶，有通经络的作用。”客人笑着说。

“我们家有利川红，新到的，您坐下来尝尝，也许您会喜欢。”导购员笑着说。

“好的，哪里产的？”客人问。

“湖北恩施，与宜红是一个产区。”导购员笑着说。

“哦，口感不错，质量怎么样？”客人尝了尝，笑着问。

“这款茶是飞强公司的，当地最大的红茶加工企业。”导购员笑着回答。

“好的，先拿两盒。”客人笑着说。

……

四、举一反三

买不买都有原因，关键之一是你要和客人有足够的交流时间，知道客人究竟需要什么。

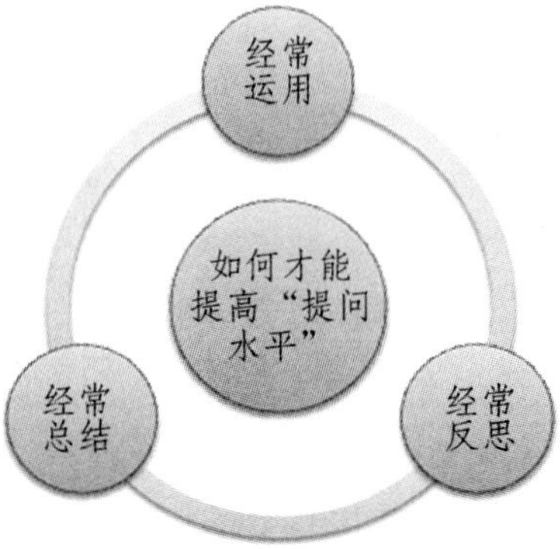

站在客人的角度关心客人，善意地提问，就是一个非常重要的方法，可以赢得更多的交流时间。

这个方法你不仅要用，而且要经常运用、经常反思、经常总结，持续不断地提高“提问水平”。如此，你的销售能力一定会大幅增强。

情景41　希望顾客帮助推广时，我怎么说？

阅读前，我的处理方式

我这样说：______________________________

____

主要原因：______________________________

____

____

顾客的推荐最有说服力，当你希望顾客帮助推荐时，应该怎么说呢？

一、场景写真

……

“李哥，公司这个月定的销售指标太高了，您一定要帮我推荐几个朋友买茶，越多越好。否则，我的任务完不成了。”导购员说。

“我先喝一喝你们家的茶，合适的话，我再帮你推荐。”客人说。

“我们家的茶一定好的，李哥，那我过一周打您电话，问问您喝得怎么样，好的话，李哥您帮忙推荐几个朋友。”导购员迫不及待地说。

“好的话我会推荐的，身边喝茶的朋友很多，推荐很方便。”客人说。

“李哥您这么忙，我怕您忘记，我打电话提醒您吧，到时候您顺便把您朋友的电话号码给我。”导购员说。

“我会带着茶出差，不会忘记，合适的话，一定会帮你推荐。”客人说。

“那好吧，谢谢李哥。”导购员略显失望地说。

……

二、问题诊断

让客人帮忙推广，能不能这样说？可以！

但必须有个前提，客情关系非常好，真正像好朋友一样。但，即使真的那么好，也不能那样把话说“满”了。你要给别人留有一定的空间，万一别人有难言之隐，你就给了别人回旋的余地。

场景中的客人，显然是新客，对店铺的茶叶了解还不够，认可程度也不够，这个时候导购员虽然“李哥李哥”地称呼着，看起来关系很近，实际上还是挺疏远的。

推荐，必须以认可产品和为人做基础。

场景中的导购员，显然操之过急，讲的话明显不妥，很容易导致客人反感，这样的话谁敢推荐？

此外，还有一点要指出，场景中的导购员不该在客人面前抱怨说“公司这个月定的销售指标太高了”，这样说话不仅会破坏公司品牌形象，也会破坏个人品牌形象，降低成交的可能性。

三、破解策略

针对场景中的问题，有两个解决思路。

其一，对于新客人，最好是不要提出“帮助推荐”之类的要求。要等到客人认可产品，同时你也与客人熟了，有了一定的感情基础之后，再提出让客人帮忙转介绍的要求。

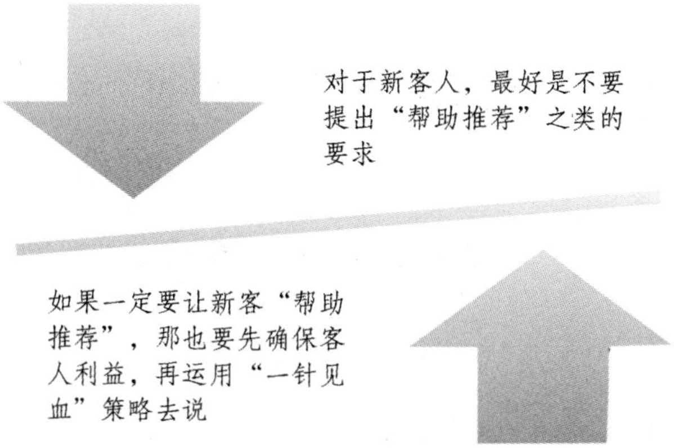

其二，如果一定要让新客“帮助推荐”，那也要在确保客人利益的前提下去说。

四、说话模板

……

“李哥，您身边有不少喝茶的朋友吧？”导购员笑着问。

“有，什么事？”客人说。

“不好意思，李哥，本来不应该与您说的，您对我们还不了解，但我刚刚到这个店，恐怕这个月的任务很难完成了，如果您认可我们家的茶，我想麻烦您在方便的时候，帮忙推荐几个朋友。如果不方便，也不勉强。”导购员诚恳地说。

“哦，现在的生意不好做，我先喝一喝你们家的茶，合适的话，我再帮你推荐。”客人说。

“无论怎样，我都先谢谢您，不方便的话，也没关系，不能给您添麻烦。”导购员诚恳地说。

“没关系，身边喝茶的朋友很多，推荐很方便。”客人笑着说。

“好的，谢谢李哥。”导购员笑着说。

……

情景 42　顾客突然放弃购买时，我怎么说？

阅读前，我的处理方式

我这样说：____

____

主要原因：____

____

____

就要付款了，顾客却突然放弃购买，转身要走，这时导购员该怎么处理呢？

一、场景写真

……

“好的，就买这五盒吧，你帮我打包在一个纸箱里。”客人笑着说。

“好的，稍等。店里货不够了，我让同事去仓库再拿两盒。”导购员笑着说。

“喂——”客人接起电话，说了几句又急忙挂了电话，转过头对导购员说：“小妹，对不起，突然有急事，明天再来。”

“啊？怎么能这样，她去仓库拿茶了，一会就回来了，打包很快的。”导购员不高兴地说。

“真来不及了，明天会来买的。”客人焦急地说。

“什么事这么着急啊，不要十分钟就好了呀，要不您先买三盒。”导购员焦急地说，面色越来越难看。

“外婆脑溢血住院了，我要马上接母亲去医院。”客人说完，转身就走。

“啊——”导购员看着客人离去的背影，目瞪口呆。

……

二、问题诊断

谁都可能会遇到突发事件，谁也不想遇到类似的突发事件。

场景中的导购员，其眼中只有那点儿销售业绩，丝毫不考虑客人究竟遇到了什么紧急事情，似乎“成交”才是天大的事情。但在客人看来，当时天大的事情是，“外婆脑溢血住院了”，客人“要马上接母亲去医院”。

忽略了这一点，客人第二天也不大会回来了。

三、说话模板

……

“好的，就买这五盒吧，你帮我打包在一个纸箱里。”客人笑着说。

“好的，稍等。店里货不够了，我让同事去仓库再拿两盒。”导购员笑着说。

“喂——”客人接起电话，说了几句又急忙挂了电话，转过头对导购员说：“小妹，对不起，突然有急事，明天再来。”

“没关系，什么时候来都可以的，您先处理急事。”导购员关心地说。

“外婆脑溢血住院了，我要马上接母亲去医院。”客人焦急地说。

“啊，这瓶水您带着吧，路上可以喝，开车不要急。”导购员关心地说。

“谢谢你，小妹，这是我的名片，你加我微信，我空下来就把钱转给你，你快递到我公司。”客人感激地说。

“好的，您先忙家里的事吧，后面的手续我会办理好的，您放心。”导购员说……

四、举一反三

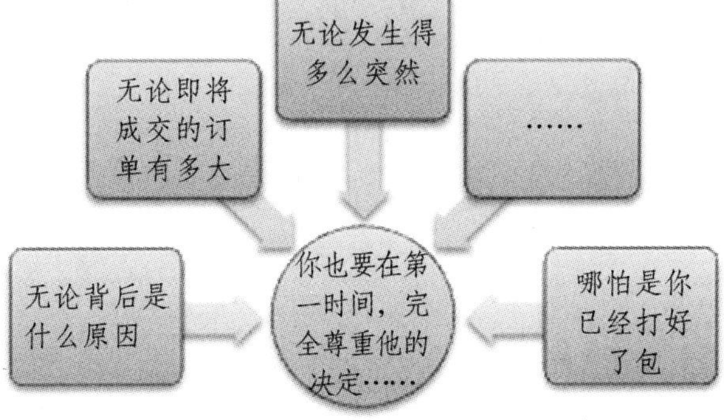

处理类似问题，无论背后是什么原因，无论即将成交的订单有多大，无论发生得多么突然，哪怕是你已经打好了包，你也要在第一时间，完全尊重他的决定，尽力留下好的印象，创造好口碑，顺便为以后的成交打基础。

情景 43　同行的顾客想走，我怎么说？

阅读前，我的处理方式

我这样说：______________________________

____

主要原因：______________________________

____

____

一位要买单，另一位想走，这个时候导购员应该怎么说呢？

一、场景写真

……

“怎么样？”同行的客人甲说。

“挺好，茶形、口感和价位，都还好，就在这买吧。”客人乙说。

“不急，再看几家，反正是茶城，很方便。”客人甲说。

“差不多算了，走多了也是累。”客人乙说。

“是啊，就在这里买吧，比来比去多麻烦，也没什么意义，我们家的茶最实惠了。”导购员说。

“不一定吧，刚刚那几家还打折呢，有的对折，你们家一点折都不打。”客人甲说。

“他们都是虚高的价格，当然能打折了，我们是实实在在的价格，没水分，怎么打折？”导购员据理力争。

“卖瓜的都不会说自己的瓜不好，我就不信这么大的茶城，就你们家最好。”客人甲边说边站起身，拉了拉客人乙的袖子，示意他快走。

……

二、问题诊断

场景中的导购员主要犯了两个错误。

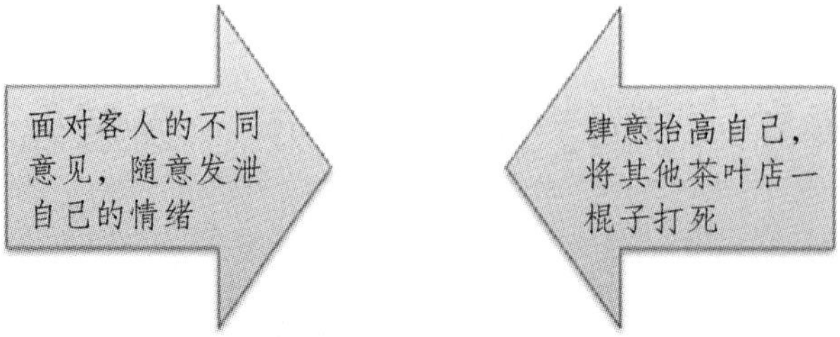

其一，面对客人的不同意见，随意发泄自己的情绪。

其二，肆意抬高自己，将其他茶叶店一棍子打死。

三、说话模板

……

“怎么样？”同行的客人甲说。

“挺好，茶形、口感和价位，都还好，就在这买吧。”客人乙说。

“不急，再看几家，反正是茶城，很方便。”客人甲说。

“差不多算了，走多了也是累。”客人乙说。

“这位大哥，您好，多看看几家也好，在您走之前，我能请教您一下吗？”导购员望着客人甲，笑着说。

“不要这么客气，你说吧。”客人甲说。

“那位大哥说茶型、口感和价位都还好，那么您觉得有哪些方面不大满意呢？”导购员真诚地说。

“也没啥不满的，主要是刚刚那几家还打折呢，有的是对折，亏本在卖，而你们家一点折都不打。”客人甲说。

“哦，对不起，这是我没介绍清楚，我们公司一向明码实价，与其他店的定价原则不一样。习惯了打折可能反而对我们‘不二价’感觉奇怪。”导购员笑着说。

“也对，但是，你们家一点都不打折，我总觉得少了些什么。”客人甲说。

“大哥说得对，我刚来上班时也有类似的想法，不过，关键是您可以对比一下茶和价格，这样就放心了。”导购员笑着说。

“对比过了，呵呵，谢谢。”客人甲边说边转向客人乙，笑着说：“挺实在的，买了吧。”

“谢谢两位大哥的理解。”导购员笑着说。

……

四、举一反三

同行的客人意见不一样，这种现象很常见。

我们在“情景24”中也做过讨论。这里主要针对一个要走、一个要留的情况展开讨论，同样很重要。因为，一旦客人走了，再让他们回来就很难了。所以，解决这一类问题的核心都是在照顾其情绪、给予其面子的同时，找到其“想走”的根本原因，灵活应对，逐步破除。

五、心灵茶汤：好名称，降低六种茶叶营销成本

好的品牌，从名称开始！

就像安吉白茶，这一公共品牌的命名，一个“白”字让安吉的这种茶叶“大白于天下”。若是叫作安吉绿茶，品牌推广的成本自然会高很多。

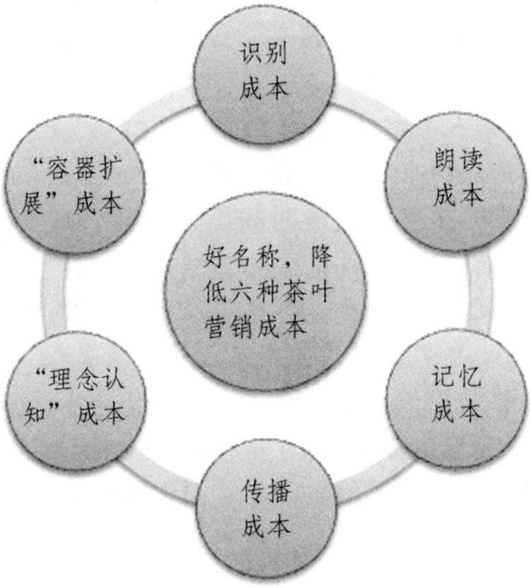

好的品牌名称，在赚钱之前，必须能帮你省钱，至少体现在六个方面。

第一，识别成本。例如，我们为客户取的“市外茶源”这个品牌，你一看就知道是“茶叶品牌”，不是别的。若是弄一个“农民家园”，虽然可以联想到农业，但不能第一时间识别你的行业特征。

第二，朗读成本。若是你取一个品牌叫“斯浪不特牛茶”，不仅识别程度低，更是非常拗口，可惜的是茶叶市场上有很多拗口的品牌。

第三，记忆成本。茶叶市场上那么多品牌，在不提醒你的情况下，你能记住几个没有打广告的品牌？请注意，是没有打广告的品牌！然后，你再继续想一想，反复打广告的茶叶品牌，你又记住了谁？

第四，传播成本。品牌必然会传播，也必须要传播，才会不断提高影响力。无论是何种形式的传播，都会涉及成本问题，尤其是口碑传播时，传播成本更重要了。

例如，大家一起喝茶，朋友问你："这茶不错，哪里买的？"你说："斯浪不特牛茶叶店买的。""什么茶叶店？"朋友疑惑地问。"斯浪不特牛茶叶店。"你放慢速度，但朋友还是没有听清楚，于是你继续说，实在不行就写下来，让朋友看看。相反，若是说"天福茗茶"买的，朋友基本就听清楚了，即使不知道"天福"是哪两个字，你也可以非常快速地解释，"天空的天，福气的福"，朋友也就马上明白了。

当然，传播成本的理解方式有很多，记忆成本也会影响传播成本，这里只是一种，目的还是提醒茶商重视茶叶品牌名称。

第五，"理念认知"成本。其主要是指理念传达或理念认知需要花的时间和精力。这一点与沟通有关，但比沟通成本的含义要狭窄，暂且用"理念认知"成本六个字来表达。

第六，"容器扩展"成本。这是一个形象的说法，品牌名称就像一个"容器"，必须能够在很长一段时间内，容得下品牌创始人的"理念和梦想"。茶叶品牌最初命名时，也要当作一个"容器"，不仅是一个很容易容纳创始人"理念和梦想"的容器，而且还要能够随着品牌的发展，不断承载新加入进来的理念和梦想。

例如，茶叶界很多关于"香"的品牌名称，这个"香"，那个"香"，一个"香"接着一个"香"，虽然可以拿来装一些理念和梦想之类的文化，但总显得"很难"，外人理解起来甚至会觉得牵强附会。

情景 44　发现顾客囊中羞涩时，我怎么说？

阅读前，我的处理方式

我这样说：____

____

主要原因：____

____

____

客人不愿在你店里买茶的原因很多，若正好发现顾客囊中羞涩，该怎样处理呢？

一、场景写真

……

“今天做年终活动，这是我们店一年之中最优惠的时间，买得越多越划算。”导购员说。

“谢谢，不买那么多了，没带那么多现金。”客人十分和气地说。

“没带现金，可以刷卡，可以微信支付。”导购员继续说。

“不用了，就买这么多，我用现金买。”客人不好意思地说。

“买得越多越划算，我们自己也买了很多。”导购员依然坚持己见。

“算了，我不买了，谢谢。”客人礼貌地说完，转身就走。

……

二、问题诊断

场景中的导购员犯了两个错误。

其一，忽视了客人的消费能力。站在商家的角度看，的确是越多越划算，但大前提是，客人的消费能力要达到，也就是说，客人要有那么多的钱可以支配才行。当客人消费能力不够，没有足够的钱用于买茶时，量力而行才是最划算的。

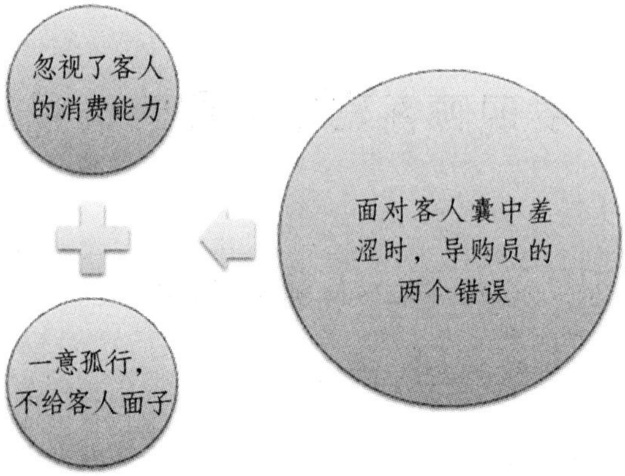

其二，一意孤行，不给客人面子。客人不仅明确说自己的现金没那么多，并且坚持用现金购买，就表明客人有自己的难言之隐，没必要反复诱导客人多买点。

这样说，本质上是伤了客人，尤其是囊中羞涩的客人，所以客人果断说“我不买了”，转身就走。

三、说话模板

……

“今天做年终活动，这是我们店一年之中最优惠的时间，买得越多越划算。”导购员说。

“谢谢，不买那么多了，没带那么多现金。”客人十分和气地说。

“哦，对不起，如果您需要多买些的话，也可以刷卡，或微信支付，不需要也没关系。”导购员笑着说。

“不用了，就买这么多，我用现金买。”客人不好意思地说。

“好的，茶主要是消费品，需要的时候再买也不迟。”导购员笑着说。

“哈哈，需要的时候再找你。”客人笑着说。

“好啊，顺便帮您办张会员卡吧，可以积分兑换礼品，可以吗?”导购员笑着说。

“好，谢谢小妹。”客人笑着说。

……

四、举一反三

人活一张脸，树活一张皮。

是人，不论年龄大小，只要头脑正常，都要面子，只不过每个人对面子的理解不一样。卖茶过程中，面对的人一批又一批，经济实力各不相同，但都要“面子”，给足了客人面子，才会有愉快的沟通，才会有当下的生意，乃至更长久的生意。

情景 45　顾客买了茶，回家后不满意，我怎么说？

阅读前，我的处理方式

我这样说：________________________________

____

主要原因：________________________________

____

____

顾客满意是一个动态过程，经常出现变化，尤其是购买之后，出现不满意的状况更要重视。只有处理得当，才会与顾客建立更融洽的关系，赢得“老顾客”，稍一疏忽，就会前功尽弃，失去“老顾客”。

一、场景写真

下面是一个非常典型的问题，我们把前因后果说清楚，这样更容易认清问题。

前天，有位朋友帮忙介绍了一位新客户来买茶，她说要两百元一斤的茶叶。

我泡了一泡雨前茶给她尝了尝。她说不会喝茶，也就是不懂茶，接着她说：“你就给我来一斤吧。”我说好的，就为她称了一斤，然后非常礼貌地送她走出茶叶店。

大约过了七天，为了做好售后跟踪服务，我打了个电话问她：“您好，上次买的茶叶，喝着怎么样啊?”

她坦诚地说：“我们当家的说，你们家二百的茶叶不如别人二百的，喝起来没啥味道，他比较失望。”这个说法让我非常吃惊，当时我就在心里想：“怎么又遇到了一个不会喝茶的呢?”

于是，我解释给她听：“谷雨前的茶叶嫩一些，要多放些才有味，茶水大约是1∶50的比例。”

我后悔没给她拿雨后的茶，劲大味浓。

这个问题中的茶，指的是信阳毛尖，这个场景也是基于一位河南茶商的问题而衍生出来的。

二、问题诊断

出现这类问题的根源在于，在销售茶叶的过程中，只是顺着客人提出的价格要求，没有深入询问，没有弄清楚客人的具体需求，即，这位客人到底需要什么样的茶叶？

在上述场景中，200 元一斤，只是客人对价格的要求，客人买回家，喝的不是概念中的“价钱”，而是实实在在的“茶叶”。幸好这位老板打电话回访了，及时发现了问题，也就赢得了一个重新满足顾客需求的机会，能不能“挽回”就要看具体的处理方法。若是这位老板没有回访顾客的习惯，这位顾客基本就流失了。为什么呢？很显然，他信任朋友，朋友介绍她去买茶，她就买了。但老公觉得不满意，又碍于面子，权且当作“吃个哑巴亏”，“反正就这一次，以后不买了！”不仅是她，这是很多顾客的“心理写照”，尤其是经朋友介绍的，更会顾及朋友的面子，“算了，算了，不提了”。相关商家的生意也就没了。

三、破解策略

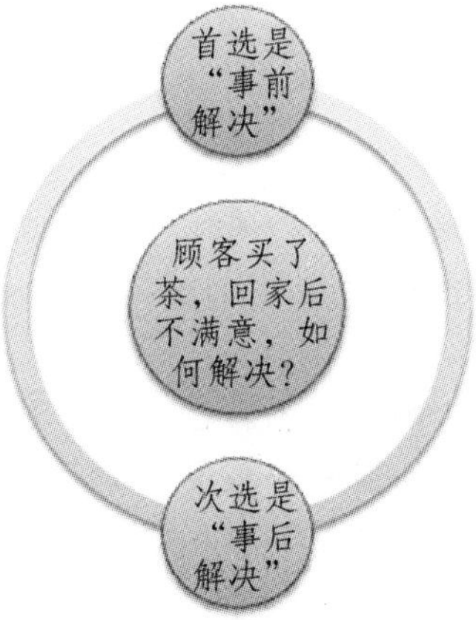

解决这类问题有两类方法，一个是“事前解决”，这是首选。例如，针对上述问题，广西的一位 90 后茶商谢海梦给出的解答就属于事前解决。她在微信群中说：“了解客户判断好绿茶的标准，比如汤色清透、味清甜，不紧不涩等等，告诉冲泡水温、投茶量，告诉茶的基本口感特征。”

不论是茶叶店老板，还是店员，“事前解决”的意识必须具备。

就问题中的情况而言，客人明明说自己不会喝茶，这就表明你要做一个基本的“茶叶知识普及”，然后，再把有可能出现的问题或疑虑事先讲清楚，逐个交代清楚，然后再帮助她选择合适的茶叶。至于价格，那是最简单的标准，也是最明显的标准，但不是唯一的标准。并且，你要提前搞清楚，到底是“她”喝茶，还是“她当家的”喝茶，针对喝茶的人来给出“买茶方案”。还是那句话，卖茶不等于叶子换票子，你要站在客户的角度，多想一想，用心帮助客户买茶。

如果你实在不清楚客人究竟要什么样的茶，你就要让她少买点，而不是一定要成交在“一斤”，完全可以建议她买“一两茶”，让她带回家给“她当家的”尝一尝，满意后再多买一些。如果她不方便来店里购买，你可以送货上门，或者说快递给她，都是可以解决的，而这一切都是站在顾客角度去思考的。

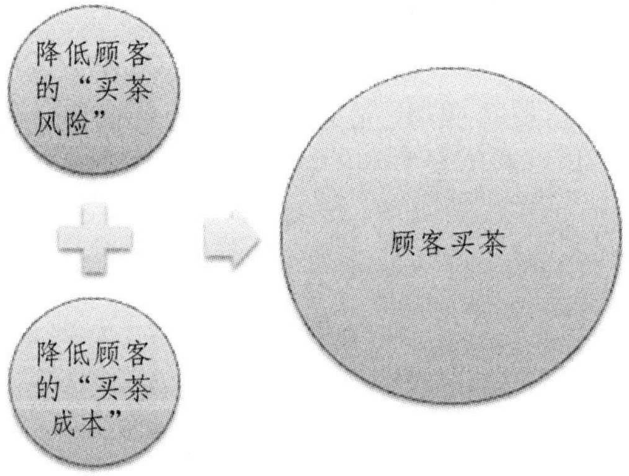

请记住，你要降低顾客的购物风险和购物成本。同时，你要斩钉截铁地告诉她“如果不满意照价退回”，这本质上也是在降低顾客的购物风险和购物成本。

另一个是事后解决，则是次选。

这个很简单，搞清楚他们到底喜不喜欢，若是沟通清楚了，解释到位了，改变冲泡方法了，还是不满意，那就果断为他换茶或退货。

四、说话模板

我们以“事后解决”样板，来阐述这一场景中的“说话模板”。

……

女客人坦诚地说：“我们当家的说，你们家二百的茶叶不如别人二百的，喝起来没啥味道，他比较失望。”

“对不起，我应该提前了解清楚这个茶是给谁喝的，让您失望了，您还是朋友介绍过来的，太对不住你们了。”老板说。

“没关系，他习惯喝口味重一点的茶。”女客人说。

“哦，麻烦您告诉他，谷雨前的茶叶嫩一些，要多放些才有味，茶水大约是1∶50的比例。或者，我帮您换成雨后的茶，也可以退给我，我把200元全部退给您，您决定。”老板说。

“你太客气了，难怪朋友介绍我到你那里买茶，没关系的，我让他多放点茶就可以了，只是一斤茶而已，何必搞那么麻烦，你做生意也不容易。”女客人说。

“谢谢您理解，这年头生意真的很难做。您给我个地址，我送些雨后的茶给您当家的尝尝，或者您路过我们店的时候，捎过去也可以，具体怎样方便，您决定。”老板说。

……

如此处理，不论女客人选择怎样的方式，女客人与老板的关系都更近了一步，未来“成交”乃至“转介绍”的几率都会大大增加。

五、举一反三

无论怎样，请记住，你必须降低顾客的购物风险和购物成本。

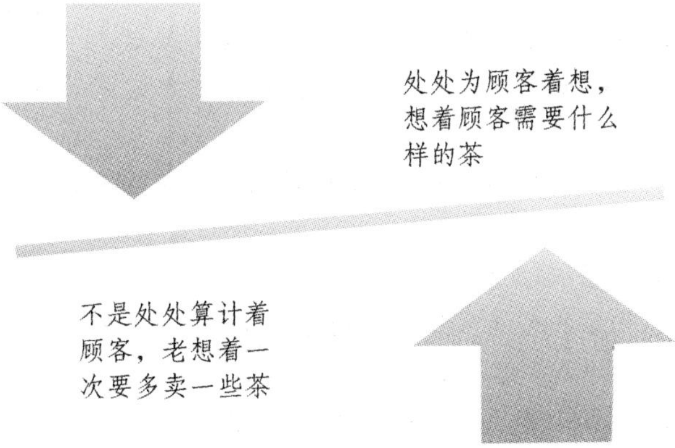

要做长长久久的生意，卖什么产品都要这样做。要处处为顾客着想，想着顾客需要什么样的茶，而不是处处算计着顾客，老想着一次要多卖一些茶。

情景46 顾客来退茶的时候，我怎么说？

阅读前，我的处理方式

我这样说：____

____

主要原因：____

____

____

不满意可以退，不喜欢可以退，很多茶叶店都会这么说，顾客真来退茶的时候，导购员该怎么说呢？

一、场景写真

……

“阿姨，您好，坐下来喝杯茶。”导购员笑着说。

“不好意思，小妹妹，我是来退茶的。”客人说着，把手提袋放在了柜台边。

“哦，您是什么时候买的？”导购员问，从表情看，有点儿不高兴。

“上周六。”客人说。

“喝过吗？”导购员问。

“没喝过，儿子说现在很多茶叶农残超标，我也在报纸上看到过报道，我想就退了吧。”客人说。

“我怎么不记得您在我们店买过茶？”导购员说。

“不是从你手里买的，我这里有小票，你看看。当时导购说，不喜欢的话，可以退。”客人说。

“您又不是不喜欢，您是担心农残超标，我们店的茶叶都有有机认证，不会超标，您绝对放心。”导购员说。

“万一超标了呢？”客人问。

“绝对不会超标的。”导购员回答。

“小妹妹，哪有绝对的事？”客人说。

“我们的茶绝对保证质量的。”导购员说。

“好，我相信你是绝对保证质量的，但是，我现在不喜欢这个茶了，能不能退？”客人问。

“这……”导购员结结巴巴，面色凝重。

二、问题诊断

导购员的错误很明显，首先是不该阻拦客人退茶，其次是不该与客人去争论到底能不能“绝对保证质量”。

争赢了又怎么样？

换来的结果是客人说：“好，我相信你是绝对保证质量的，但是，我现在不喜欢这个茶了，能不能退？”

怎么办？当然是只能退货。既然如此，何不抓住客人对农残超标的担忧耐心化解？

三、说话模板

……

“阿姨，您好，坐下来喝杯茶。”导购员笑着说。

“不好意思，小妹妹，我是来退茶的。”客人说着，把手提袋放在了柜台边。

“没问题，符合规定马上给您退。您是什么时候买的？”导购员笑着问，同时递上了一杯热茶。

“上周六，包装都是好的。”客人说。

“这种情况马上可以退，您放心。退之前，我能不能问您一个问题，当然，退之后问您也可以。”导购员笑着说。

“现在问吧，退休了，不赶时间。”客人笑着说。

“好的，谢谢阿姨，您为什么要退这茶呢？”导购员笑着问。

“儿子说现在很多茶叶农残超标，我也在报纸上看到过报道，不太放心，我想就退了吧。”客人说。

“哦，明白了，这是我们不好，没为您介绍清楚，让您担心了，非常抱歉。我们家卖的茶叶，都是通过有机认证的，不会农残超标。”导购员笑着解释说。

“没关系，你说的这个我知道，但是我还是很担心的，认证不一定靠谱，我还是不放心。”客人笑着说。

“您说得对，食品安全的确令人头疼，我也很担心。我先帮您把茶叶退了，另外，这盒茶叶是公司回馈老客户的礼品，送给您作为我们的歉意，辛苦您跑了这一趟。”导购员笑着说，同时递出了一盒茶叶。

“这怎么好意思，不能要。”客人难为情地说。

“没关系，阿姨，我们店铺是做口碑生意的。”导购员笑着说。

“不好意思，或者这样吧，你帮我把茶叶换成价格差不多的茶具吧。”客人难为情地说。

……

情景47　顾客来换茶的时候，我怎么说?

阅读前，我的处理方式

我这样说：______________________________

____

主要原因：______________________________

____

____

很多个体茶叶店都会告诉顾客，买回去不喜欢，只要不影响二次销售，可以更换别的茶。既然如此，顾客来的时候，应该怎么说呢?

一、场景写真

……

“王姐好，这么早就来了。”导购员笑着说。

“是啊，小妹，昨天老头子买的正山小种，还没拆过包装，回家后碰巧儿子从安徽带来两盒祁门红茶，我就想把昨天的茶叶拿来换别的茶。”王姐笑着说。

“王姐，就这一盒茶叶，您还一大早过来换啊?”小妹明显不悦。

“那么多红茶，一时也喝不完，换成别的茶，换着喝。”王姐说。

“何必呢?我们新上市了一款铁观音，您要不要买点尝一尝?”小妹笑着说。

“那你帮我把正山小种换成铁观音吧!”王姐笑着说。

“新上市的买三送一，您还是直接买三罐吧，还能获赠一罐，很划算的。”小妹坚持说。

“算了，我不换了，这么简单的事还搞这么麻烦。”

二、问题诊断

场景中的导购员犯了一个简单的错误，客人一大早过来要求换茶，你就看一看包装，符合要求就爽快地给她换茶，不符合要求就解释清楚，不予更换，何必那么自我，话题一转，要客人重新买茶呢？

三、破解策略

破解这一问题很简单，就是要爽快地答应换茶，让她看到店铺的诚意和信誉，然后再耐心地推荐她购买铁观音。

四、说话模板

……

“王姐好，这么早就来了。”导购员笑着说。

“是啊，小妹，昨天老头子买的正山小种，还没拆过包装，回家后碰巧儿子从安徽带来两盒祁门红茶，我就想把昨天的茶叶拿来换别的茶。”王姐笑着说。

“好啊，这事简单，您想换什么茶？”小妹说。

“你说吧。”王姐笑着说。

“王姐，我们新上市了一款铁观音，要不您换这个尝尝？”小妹笑着说。

“好的，你帮我换成铁观音。”王姐笑着说。

“我算了一下，新上市的铁观音买三送一，如果加100元的话，可以换四罐呢。如果您不想加100元也可以，可以帮您换两罐，然后再退你现金100元。我看还是加100元划算，您决定，王姐。”小妹笑着说。

“都是老客户了，你帮姐做主得了。”王姐面带微笑，爽快地说。

“好的，谢谢王姐，您再刷100元吧，或者用支付宝、微信，都可以。”小妹笑着说。

五、举一反三

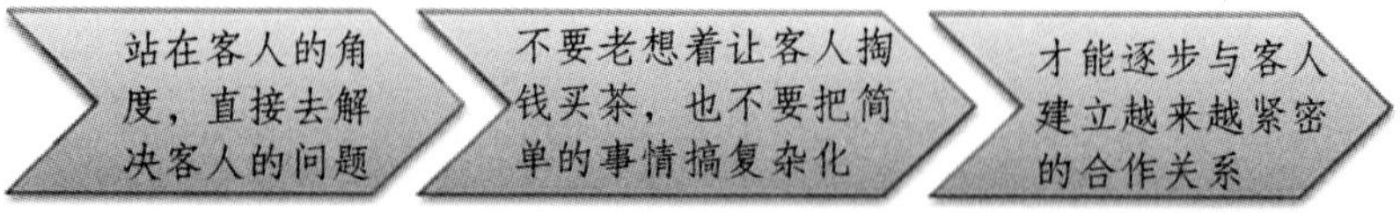

站在客人的角度，快速回应客人，直接去解决客人的问题，不要老想着让客人掏钱买茶，也不要把简单的事情搞复杂化，才能逐步与客人建立越来越紧密的合作关系。

情景48 顾客买单时发现没带钱，我怎么说？

阅读前，我的处理方式

我这样说：________________________________

____

主要原因：________________________________

____

____

茶叶选好了，就要买单了，顾客却发现自己没带钱，这个时候导购员应该如何处理呢？

一、场景写真

……

“阿姨，您刷卡还是付现金？”导购员问。

“我付现金。”客人说。

“好的。”导购员笑着说。

“哎呀，怎么没带钱啊！”客人吃惊地说。

“没带钱，阿姨还这么粗心，您看看有没有带银行卡，刷卡也可以的。”导购员说。

“我还不知道怎样刷卡。”客人说。

“您怎么不会刷卡呢？现在人都会啊，您有微信或支付宝吗？”导购员问。

“年纪大了，没去学，微信倒是有。”客人说。

“微信也可以付款。”导购员说。

“我没有开通这个功能，孩子说骗子多，还是不要开通了。”客人说。

“注意点就行了，哪有用了微信，还不知道用微信付款的。”导购员沮丧地说。

“小妹妹，年纪大了，不想麻烦，今天不买了，谢谢你。”客人笑着说。

……

二、问题诊断

从头至尾，导购员不停地指责和叹息。“这么粗心”“怎么不会刷卡”“不知道微信付款”，如此等等，都表现出导购员强烈的成交愿望，但却从不站在客人的角度去体谅客人的想法。

三、说话模板

……

“阿姨，您刷卡还是付现金?”导购员问。

“我付现金。”客人说。

“好的。”导购员笑着说。

“哎呀，怎么没带钱啊!”客人吃惊地说。

“没关系的，阿姨，您别着急。”导购员说。

“好的，我再找找。”客人说。

“不着急，您喝口茶再找。”导购员笑着说。

“年纪大了，记性不好了。”客人边说边找，随后肯定地说：“今天出门走得急，钱包忘带了。”

“没关系，阿姨，刷卡也可以的。”导购员笑着说。

“我不会刷卡，也没带卡。”客人说。

“没关系，阿姨，微信也可以付款。”导购员笑着说。

“我没有开通这个功能，孩子说骗子多，还是不要开通了。”客人说。

“您孩子真细心，现在的确是骗子多，有的专门骗老人。”导购员说。

“是的，看到报纸上说老人被骗，我也很难过，辛苦一辈子，攒下点钱一下子就被骗光了。”客人感叹道。

“是啊，阿姨，其实，不光是老人，年轻人也要处处小心才对，我的朋友玩微信，就被外省人骗过。”导购员说。

“微信可以给外省人付款?”客人吃惊地问。

“是的，给外国人付款都可以。”导购员说。

“哦，那我让孩子通过微信付钱给你行吗?”客人笑着问。

"可以啊，加一下微信就能付款。"导购员笑着说。

"太好了，不用跑第二趟了。"客人笑着说。

……

四、举一反三

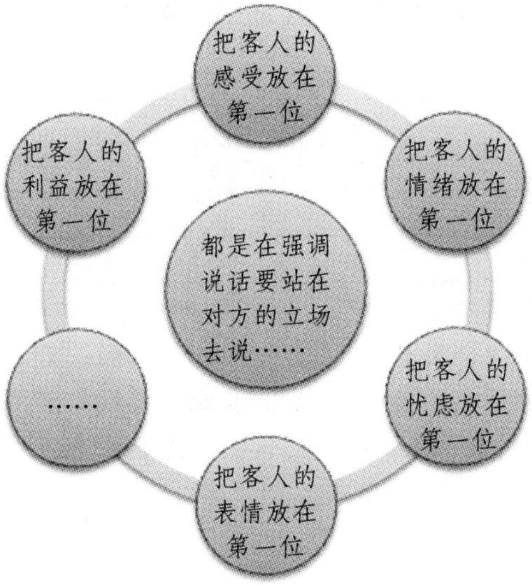

把客人的心情放在第一位，把客人的情绪放在第一位，把客人的忧虑放在第一位，把客人的利益放在第一位，把客人的表情放在第一位……

说来说去，都是在强调说话要站在对方的立场去说，而不是老想着自己要卖茶，要收钱。卖茶、收钱、获利，永远只是沟通的顺带结果！

过程对了，结果才能对。

情景 49　顾客付完款后，我怎么说？

阅读前，我的处理方式

我这样说：____________________

____

主要原因：____________________

____

____

顾客付完钱之后，一笔生意终于做成，导购员终于可以“松一口气”，小小地“高兴”一下，这个时候应该怎么说呢？

一、场景写真

【场景一】

……

“谢谢姐，您终于把钱付了，我这苦口婆心地说啊说，都累死了，您也很累吧。”导购员说。

“累是累，我不是买了吗？我也不想这样啊，谁不想买到放心的茶呢。”客人说。

……

【场景二】

……

“大姐，谢谢您买我们家的茶叶，您下次来买茶的时候，可千万别问那么多问题了，太伤脑筋了。”导购员说。

“我比你更伤脑筋，谁不想简单点，但这么多黑心商人，不多问问能行吗。我这次问的还算是少的，因为你看起来很实在，有些店我问半天也不会买。”客人大声说，面露不悦。

……

二、问题诊断

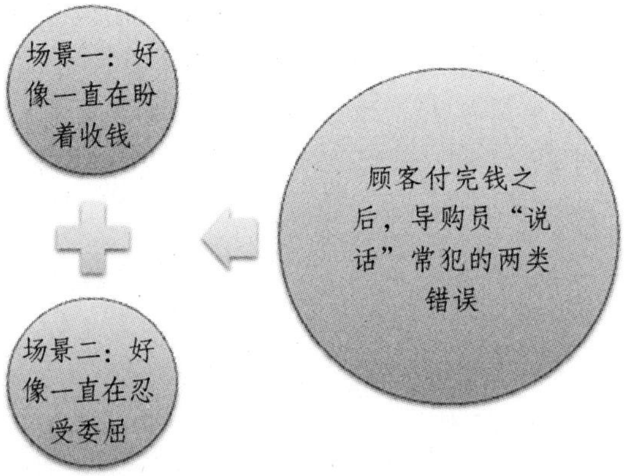

【场景一：好像一直在盼着收钱】

客人付了钱，就说“谢谢姐，您终于把钱付了”，谁听着舒服？感觉好像是狐狸尾巴露出来了，“苦口婆心地说啊说，都累死了”，原来只是为了让客人付钱，而不是帮客人买到合适的茶。

【场景二：好像一直在忍受委屈】

客人付了钱，就指责说“您下次来买茶的时候，可千万别问那么多问题了，太伤脑筋了”，过河拆桥吗？

换做你，你是什么感受？下次还想来吗？好像客人问问题是在折磨导购员似的。所以，客人才会说：“我比你更伤脑筋，谁不想简单点。”

为什么客人会这样？客人说得很明白，那么多不良商家，不多问问能行吗？

这些话都是在买单之后说，如果在买单之前说呢？极有可能就无法成交了。

三、说话模板

【模板一】

……

“谢谢姐，不好意思，我说了这么多，您都听累了吧，真难为情，您再休息一会。”导购员一边笑着说，一边递上一杯茶。

“没关系，真正累的是你，一直在苦口婆心地说。谢谢你，我现在对你们家的茶很放心。”客人笑着说。

……

【模板二】

……

“大姐，谢谢您买我们家的茶叶，您回家喝时如果有问题随时可以问我，或者下次来的时候问我，都可以。”导购员笑着说。

“不好意思，本想简单点，但如今这么多不良商家，买啥都心有余悸，问着问着就问多了。小妹这么耐心，我下次一定再来。”客人开心地说。

……